北宋龙泉窑纵论

沈岳明　郑建明　主编

文物出版社

图书在版编目（CIP）数据

北宋龙泉窑纵论 / 沈岳明，郑建明主编. —— 北京：文物
出版社，2018.12

ISBN 978-7-5010-5850-1

Ⅰ.①北…　Ⅱ.①沈…　②郑…　Ⅲ.①龙泉窑—瓷器
（考古）—北宋—文集　Ⅳ.①K876.34-53

中国版本图书馆CIP数据核字（2018）第275998号

北宋龙泉窑纵论

主　　编：沈岳明　郑建明

责任编辑：谷艳雪　王　媛
封面设计：程星涛
责任印制：张道奇
责任校对：崔　华

出版发行：文物出版社
社　　址：北京东直门内北小街2号楼
邮　　编：100007
网　　址：http://www.wenwu.com
邮　　箱：web@wenwu.com
经　　销：新华书店
印　　刷：河北鹏润印刷有限公司
开　　本：787mm×1092mm　1/16
印　　张：10.5
版　　次：2018年12月第1版
印　　次：2018年12月第1次印刷
书　　号：ISBN　978-7-5010-5850-1
定　　价：198.00元

目 录

北宋时期的龙泉窑业

沈岳明

（复旦大学）

　　龙泉境内山岭连绵，森林茂密，瓷土等矿藏资源极为丰富，瓯江两岸不仅有充足的制瓷原料、燃料和水资源，还有便利的水路运输，自然条件得天独厚，龙泉窑早在晚唐时期即已开始瓷业生产。

　　近年来，庆元黄坛窑址、龙泉金村窑址等都出土了一类饼足、施半釉、泥点垫烧的产品，具有唐代特征，但烧造规模不大，应属于龙泉窑的起步阶段。差不多同时，松阳的界首、青田的石帆等地也有窑址烧制青瓷，但生产规模都不大。主要器物有碗、杯、罐、瓶、盏、钵、盆、灯盏、砚等。胎质灰白、灰黑、灰褐。釉色以青灰、青褐色为主，少量施黑（褐）釉，部分器物口沿处加褐色点彩。至于丽水吕步坑窑址，其年代比黄坛和金村窑址要早，为唐代早期，但产品面貌与龙泉窑几乎完全不同，两者之间没有更多的联系，故不宜当作龙泉窑的初期产品。而五代时期的产品到底是何面貌？庄绰《鸡肋编》曾有"又出青瓷器，谓之秘色。钱氏所贡，盖取于此"的记载，是否可靠？

　　龙泉金沙塔塔基曾出土一件青瓷碗（图一），报告中描述为：撇口、浅腹、斜壁，圆饼形底，底心微内凹；黄绿色釉，外壁施釉不及底；胎体粗糙，呈灰黄色；外底周缘有半圆形的泥垫支烧印痕5个，底中有墨书"塔"字。报告称该碗显然是建造塔基时人们有意识埋藏进去的，在夯土时被砸碎[1]。从发表的器物图看，不管是器形还是装烧工艺，此碗与金村出土的饼足碗都完全一致，这既为塔基出土的墨书"塔"字碗找到了生产的窑场，也为窑址

图一　龙泉金沙塔塔基出土青瓷碗

［1］浙江省博物馆：《浙江两处塔基出土宋青花瓷》，《文物》1980年第4期。

图二　青花碗

图三　发掘出土的青花瓷片

图四　北宋中期淡青釉瓷器

出土的此类产品的年代提供了下限。

金沙塔在清乾隆二十七年（1762年）《龙泉县志》中有记："金沙塔，在金沙寺，七级皆可登。晋隋唐宋间名士多留题。"由于塔砖上发现过"太平兴国二年"的纪年文字，故发掘者认定此塔为北宋初吴越国尚存之时所建。但从县志所讲的隋唐时期题记看，金沙塔的建造年代似乎更早，据此推测该塔至少在"太平兴国二年"修过一次，所以出现有纪年铭砖。光绪《处州府志》载："崇仁寺，县南五里，即金沙寺，五代时建，有华严塔。"可见文献中对金沙塔的建造年代也是有不同看法的。金沙塔因在塔基夯土中发掘出宋青花瓷而被世人关注，其实当时发掘出土的青花瓷与后来引发争议的那件青花碗本不是一回事（图二）。据发掘记录，出土的青花瓷为3件碗的口腹部残片，共13片，青花晕散（图三）。而那件相对完整的碗青花清晰，是在龙泉举办塔基出土文物展览并征集文物时群众上交的，后来被误以为是塔基出土的宋青花而广泛传布。此件青花碗的生产年代显然不可能到宋，故引起了大家的质疑。这里也予以澄清。至于出土的青花瓷片是否为宋代产品则需要深入探讨，如果"金沙塔，……晋隋唐宋间名士多留题"的记载无误的话，塔基夯土中出土的器物年代似乎应比宋代更早。

龙泉窑唐代开始生产，经过五代、北宋早期的不断发展，至北宋中期已初具规模，且产品风格出现了比较大的变化。其釉色既有别于传统的青瓷，更与典型的青白瓷不同，这一时期的代表性器物我们一般称之为淡青釉瓷器（图四）。这种淡青釉瓷器，在1960年和1980年调查金村窑址时被发现，其胎色比越窑浅淡，为浅灰白胎，胎质较细，器形规整端巧，胎壁厚薄均匀，底部旋修光滑，圈足高，施釉较薄，釉面光洁，透着淡淡的青色，器表一般都有花纹，多运用类似北宋越窑的"划花"装饰手法，器底大多满釉。产品除碗、盘、壶、瓶、罐等日用品外，尚有专供随葬的明器多管瓶及长颈盘口壶等。金村窑址的淡青釉碗盘类器物绝大多数使用了垫圈支烧的方法，这与同期越窑相同，而与龙泉窑早期青瓷的面貌相去较远。从窑址以外的发现情况看，此类淡青釉产品基本出土在龙泉境内，数量不多。

在龙泉、庆元一带的宋墓中常常有淡青釉多管瓶、盘口瓶和执壶等成组出土。多管瓶制作精致，器形优美，直口、短颈、宽肩、圈足。黏接在肩部的管，有五管、六管、七管或十管的，以五管为主。管作花口，外壁削成多道直棱。龙泉市博物馆藏五管瓶（图五），通高42厘米。盖可分三层，上层捏塑出水荷叶状的纽座，荷叶中央为花蕾形盖顶；中层为半浮雕状覆莲瓣纹，莲角外翘，瓣面填以叶脉纹，蒂部呈池塘形，塘内堆塑四只鸳鸯作悠悠戏水状，其中两只嘴衔小鱼作吞食之态，翅有张有合，如扑如栖，体态逼肖，生意盎然，富有浓厚的江南水乡风情；下层收作圆筒形，是为盖口。瓶直口，折肩，圆腹，圈足。肩腹之交堆贴褶皱状泥条按捺纹，形似水波。肩部均匀安荷茎五管，管修削成六面体，立式外斜微向内弯，管端呈齿状，与器口平行；管间饰如意云纹。上腹部饰半浮雕状五层覆莲瓣纹，瓣瓣起筋，瓣面填以叶脉纹；下腹部饰六条双线直棱，线间各饰一朵变形如意云纹，足外底施釉。可以看出，此时的龙泉窑制作工艺和装饰艺术均达到了较高的水平。

金村位于龙泉南部琉华山西麓，隶属小梅镇，与庆元县竹口镇上垟村接壤，距龙泉窑核心产区大窑仅五里路，并有古道与大窑相通。明代陆容《菽园杂记》曾载："青瓷初出于刘田，去县六十里。次则有金村窑，与刘田相去五里余。外则白雁、梧桐、安仁、安福、绿绕等处皆有之，然泥油精细，模范端巧，俱不若刘田。""刘田"也叫"琉田"，即今大窑。陆容在介绍龙泉窑遗存的时候，除了大窑这个龙泉窑的核心产区，第二个就介绍了金村窑址，可见其重要地位。现在的金村窑场包括龙泉金村和庆元上垟两部分。金村窑址与上垟窑址尽管划

图五　龙泉市博物馆藏五管瓶

归不同的行政区域，但窑场连成一片，主要分布在瓯江上游梅溪两岸，北起金村东北的角岩山，南至庆元县竹口镇上垟的垟淤店自然村，东至金村下坑（涧），西达上垟村大饭会。1934年，陈万里先生调查金村时发现少数窑址。1960年，考古学者选择金村第16号窑址进行发掘，出土了大量的青瓷器，同时还进行了大范围的调查工作，发现窑址十多处。据第三次全国文物普查发现，这一区域共有窑址52处，均为宋元时期的古窑业遗址，如屋后山、溪东、大窑桛等，基本处于瓯江上游两岸，溪边还发现了古代运输码头遗迹。

从调查发掘情况看，龙泉窑的早期窑场基本都分布在这个区域。如前述淡青釉瓷器，大窑到目前为止尚未发现有烧制过的迹象，溪口也仅见南宋、元代的产品，而龙泉东区的早期产品主要是北宋晚期的双面刻划花产品，比淡青釉产品要迟。

在金村窑址中还发现了淡青釉瓷器与前文提及的饼足器物同烧的现象。淡青釉瓷器基本都是垫圈支烧，到晚期出现泥饼垫烧工艺，不见金沙塔基出土饼足碗的泥点支烧工艺，且淡青釉瓷器多见圈足、不见饼足。所以，尽管饼足碗等器物与淡青釉产品在同一个窑中出现，但两者年代上的差异仍是显而易见的。由于对这类窑址（主要在金村）未进行科学发掘，两者之间的变化发展情况尚不清楚。究竟是饼足、泥点支烧工艺在龙泉地区出现了滞后现象，还是这种工艺在龙泉地区延续了很长时间，抑或是垫圈工艺在龙泉地区的超前现象，值得深入探讨。

在金村窑淡青釉产品中，数量比较多的要数执壶（图六）。这些执壶样式丰富，有喇叭口式、盘口式、盂口式等，壶腹多用双竖条等分，并装饰疏朗纤细的划花纹，有些还贴饰捏塑的鸳鸯等为耳。以造型而言，喇叭口式执壶明显无盖，盘口式、盂口式则应有壶盖相配，且这两类执壶的肩部通常置有小系。

盘口瓶多为浅盘口、细长颈、深腹，肩腹部刻划缠枝牡丹、花卉、莲瓣和竖条纹等。龙泉市博物馆藏有盘口双系长颈盖瓶（图七），通高40.5厘米。与前述五管瓶相应，其盖也捏塑呈池塘形，为出水荷叶状纽座和花蕾形盖顶。瓶盘口，长颈，折肩，圆腹，圈足。肩颈处堆贴对称双系，肩部饰两朵对称的如意云纹。肩腹相交处和上腹部各堆贴一周

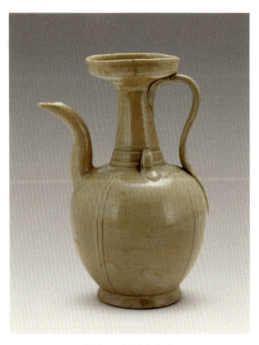

图六　金村窑执壶

褶皱状泥条按捺纹，形似水波；腹部光素无纹，足外底施釉。

从淡青釉产品中常见的执壶、盘口瓶及五管瓶来看，其造型风格均与同时期越窑产品类似。如淡青釉盘口瓶，腹部装饰多重莲瓣，与北宋中期越窑流行多重莲瓣装饰相同（图八）；而执壶腹部的双竖条分隔，也与越窑北宋中期流行的屏风式布局一致[1]（图九）。从器物的装烧工艺看，淡青釉产品采用的也是越窑北宋时期主流的垫圈支烧。所以从总体面貌看，淡青釉产品除釉色与越窑的青釉有所差异外，不论是器形，还是装饰艺术，甚至最能体现窑业技术传承的装烧工艺，均具有强烈的越窑风格，故有学者将这种瓷器称为越窑瓷器的"龙泉类型"，或龙泉窑瓷器的"越窑类型"。不过两者只是风格类似，故不宜对龙泉淡青釉瓷器做过多的定性。

越窑晚唐五代兴盛，北宋早期进一步发展，北宋晚期处于低谷，除了上林湖这一核心区域，在上虞窑寺前、宁波

图七　龙泉市博物馆藏盘口双系长颈盖瓶

图八　北宋中期越窑多重莲瓣装饰

图九　越窑北宋中期屏风式布局装饰

---

[1] 即将器物腹部四等分，各部分由两道凸棱间隔，每一部分一般有一些简单的装饰，从器物腹部展开图看像是竖立着的四块屏风。

图一〇　东钱湖窑址刻划花装饰

东钱湖、黄岩沙埠等地也形成了几个规模较大的窑场，但这几个窑场在时间上是有先后的。窑寺前窑场相对是最早的，基本处于北宋早期、吴越国尚存的时间段。而东钱湖窑场年代略晚，基本处于北宋中期，尤其盛行刻划花。近几年宁波市文物考古研究所发掘了东钱湖上水窑场，其刻划花工艺大有超越上林湖中心窑场的趋势，有一些产品与上林湖刻"官样"款器物从造型到装饰几乎一致（图一〇），是否也是宫廷下样制作的产品

值得研究。黄岩沙埠窑场时间最晚，主要生产于北宋晚期，有一些产品甚至已经跨入南宋。从几个窑场的盛行时间看，有越窑中心窑场逐渐从北向南转移的趋势，而龙泉窑场自北宋晚期开始慢慢走向兴盛的情况也基本符合这一规律。

从现有资料看，淡青釉产品的风格与越窑产品相类似，其生产年代大致处于北宋中期，也许最早能到北宋早期，但情况不甚清楚。至于有人直接把此类淡青釉产品的年代划为五代，则是没有任何依据的臆测，至少到目前为止，我们尚未看到其能到五代的任何证据。英国牛津大学阿什莫林博物馆藏的天圣年间（1023～1031年）淡青釉碗被认作是龙泉窑早期产品，其器形为敞口、斜弧腹、圈足，釉为淡青色，口沿内部有弦纹一周，内底心由细线划出纹饰，内壁刻"天圣"等六字。从胎釉特征、制作工艺来看，其与金村窑址淡青釉类产品相似。温州市西郭大桥头出土一件铭文碑（图一一），其胎骨呈淡灰色，胎质坚硬细致，瓷面釉色较浅，碑铭正面刻"开宝三年太

图一一　温州市西郭大桥头出土铭文碑

岁庚午……"[1]。该铭文碑的胎釉特征与淡青釉有相似之处，时代为北宋开宝三年（970年），但是否是龙泉生产却很难说，故淡青釉产品是否在北宋初期就有生产尚需进一步探讨。

综上所述，淡青釉产品大致流行在北宋中期（不排除上下略有浮动），产品风格受到越窑，甚至瓯窑和婺州窑等周边窑场的影响，可能还受到青白瓷产品的影响，生产区域处于闽、浙、赣交界处。龙泉是由浙江入江西、福建的主要通道，素有"瓯婺八闽通衢""驿马要道，商旅咽喉"之称，历来为浙、闽、赣毗邻地区商贸重镇。江西、福建是烧造青白瓷产品最兴盛的地方，浙江境内温州地区的泰顺、文成，衢州地区的江山，杭州地区的临安等受周边影响，都曾在某一个时期内烧造过青白瓷，故淡青釉产品风格，特别是装饰艺术受到青白瓷的影响，或者说两者相互影响，都是正常的。烧造这类淡青釉产品的窑址目前仅在龙泉金村一带发现，产品也主要在龙泉及其附近发现，其他遗址中出土的数量较少。这些器物除了反映出当时的制瓷水准，也反映了当地的葬俗文化，地方特色浓厚，地域性较强，说明当时处于小规模就地烧造销售阶段。这也说明龙泉青瓷正处于初创阶段，还没有形成自己的艺术风格。

从唐五代到北宋早中期，龙泉窑尽管不断地寻求自身发展，但囿于地处高山峻岭之中，总是不温不火，发现的窑址也是零零星星，未形成规模。由于瓯江航道险滩多，水流急，每年都有几百条船被撞沉或倾覆，处州郡守关景辉于元祐七年（1092年）发动各县利用农闲时间疏浚瓯江，去害兴利。龙泉知县邱括率先集资治滩，百姓捐资踊跃，各县纷纷仿效。宋代龚原的《治滩记》记载："毕合百六十有五滩，龙泉居其半，缙云亦五分之一。凡昔所难，尽成安流，舟昼夜行，无复激射覆溺之虞。"[2]瓯江的治理大大改善了交通运输的条件，龙泉窑产品随着瓯江顺流而下，运输到温州等重要的港口贸易城市，再销往全国各地和海外市场。运输渠道的通畅、产品需求量的增加，使龙泉窑得到了千载难逢的发展机遇，开始大规模扩张。到北宋晚期，龙泉窑业突飞猛进，窑址已达百余处，除了金村，大窑、溪口、龙泉东区等区域都有生产。这一时期的瓷器厚胎薄釉，胎体明显增厚，胎色灰白，质地与前期的淡青釉产品相比反而显得不够致密。底部厚重，圈足宽矮而挖足极浅，制作不如前期规则工整，轻巧不足，凝重有余，这是否是"江南则处州龙泉县窑，质颇粗厚"的真实反映？产品种类颇显单调，一般窑场均以各式碗类器皿为大宗，盘类次之，主要产品有碗、盘、壶、炉、罐、瓶、碟和盅等。器物造型有了很多变化，碗类产品坯体厚薄较为均匀，口沿以外撇为主，圈足相对显小；盘类产品腹部多做成凸出的转折状，有假圈足。器物普遍流行刻划花装饰。从装烧工艺看也与淡青釉产品有很大的不同：淡青釉类器物主要是垫圈支烧，

[1] 徐定永：《温州西郭出土北宋瓷质碑铭》，《考古》1965年第3期。
[2]（宋）龚原：《治滩记》，（清）苏遇龙重修《乾隆龙泉县志》卷十二《艺文志》，龙泉市博物馆藏乾隆刊本。

图一二　北宋晚期龙泉窑器物标本

到后期出现黏土垫饼填烧[1]现象，而此时的产品几乎都采用黏土垫饼填烧，且底足内不施釉。（图一二）

从金村的窑址调查中可以看到，刻划花瓷器叠压在淡青釉瓷器堆积层上，如早年在金村大树岭和上垟大窑犇等窑址都有这种现象。刻划花瓷器应该是在淡青釉瓷器的基础上发展演变而来，但又有着明显的不同：从胎质上看，胎釉颜色明显加深；从装饰上看，普遍流行繁密的刻划花，与淡青釉瓷器流行划花装饰明显不同。从窑址出土的碗、盘类器物看，多数为双面刻划花，再辅以篦纹、锥刺纹。外壁饰折扇纹，内壁主要饰花卉纹，图案浑圆，布局对称，在同一平面上往往有主纹、地纹之分。装饰题材以折扇纹、团花、篦纹为主，并有少量荷花、荷叶、缠枝菊花、牡丹、蕉叶纹、水波纹、莲瓣等。纹饰繁密，稍晚还出现了外壁刻莲瓣的装饰。而一些窑址中发现的内壁印菊花、外壁刻直线纹的产品[2]与耀州窑刻划花产品风格非常相似，甚至经常有人将两者混同，由此可见龙泉窑广泛吸收各地青瓷名窑的制作工艺和技术以提高自身的产品质量，这应该也是北宋以后龙泉窑能迅速发展的原因之一。当然，龙泉窑的刻划花青瓷与耀州窑还是有区别的，它不似耀州窑那样粗犷，而显得精细密布，小巧流畅，刻花手法也有所不同。

由于运输条件的改善，产品的销售区域大大扩展，不仅在龙泉周边地区，在全国各地也发现不少这一时期的龙泉窑产品。如江苏溧阳竹箦北宋元祐六年（1091年）李彬夫妇墓出土的青瓷碗、松阳县"辛未"纪年墓出土的龙泉青瓷、四川阆中北宋崇宁四年（1105年）陈安祖夫人墓出土的盘以及浙江温州北宋政和五年（1115年）白象塔清理出的佛像等，都是这一时期龙泉窑产品的代表。

北宋元祐六年（1091年）李彬夫妇墓之墓主李彬，为"赀积巨万"的地方富豪，墓中除了龙泉青瓷，还出土了一批以银包镶边口的景德镇窑的上等影青瓷器及各种神像、佛像、七宝香炉、琉璃建筑等。出土的青瓷碗口外敞，内里饰荷花加篦点纹，外腹饰典型的折扇纹，圈足内无釉，黏土垫饼填烧。这种双面刻划花风格应该在元丰年间（1078～1085年）前后就已出现，到李彬的元祐时期（1086～1094年）已经比

[1]　"垫饼填烧"专指垫饼垫于圈足的垫烧方法，以区别于垫于圈足下的"垫饼垫烧"。
[2]　朱伯谦：《龙泉窑青瓷》，艺术家出版社，1998年。

较成熟。（图一三）

2003年，在浙江省松阳县西屏镇云岩山下工业园建设工地的一座古代墓葬中出土了24件瓷器和2件漆器，其中有龙泉窑青瓷8件。龙泉窑青釉刻花碗2件（图一四）：圆唇，侈口，口沿外撇，深弧腹，圈足。碗心饰团菊纹，内腹刻划菊花纹，外腹口沿下饰一周弦纹，其下饰折扇纹，底部饰两周弦纹。灰白胎，青釉，全器施满釉，外底部露胎无釉。与元祐六年李彬夫妇墓中出土的龙泉青瓷碗一致。龙泉窑青釉刻划花盘3件：圆唇，敞口，浅弧腹，圈足。内底和内腹基本饰团菊纹，外腹口沿下饰一周弦纹。灰胎，青釉，全器施满釉，圈足内露胎无釉。龙泉窑青釉刻划花执壶1件（图一五）：尖唇，敞口，喇叭形长颈，圆肩，鼓腹，凹底，肩部有曲流、曲柄和对称的双系。外腹呈瓜棱状，饰缠枝菊花纹。灰白胎，胎质细腻，釉色青翠，全器施满釉，外底部露胎无釉。总体风格与越窑北宋中期产品有相似之处。由同出的湖田窑影青碟外底"辛未"墨书，及漆器上"丁巳""癸酉"纪年，综合判断其"辛未"应为1091年，与李彬夫妇墓年代相同，从中也可看出，折扇纹这种装饰流行了不短的一段时间。

浙江武义北宋元丰六年（1083年）墓出土的龙泉窑青釉五管瓶，肩、腹部作塑贴花边装饰，展现了北宋晚期龙泉青瓷器形与装饰特点。

陈安祖为北宋三陈（陈尧叟、陈尧佐、陈尧咨）之后，陈氏家族在当时极为显赫。

图一三　双面刻划花青瓷碗

图一四　龙泉窑青釉刻花碗

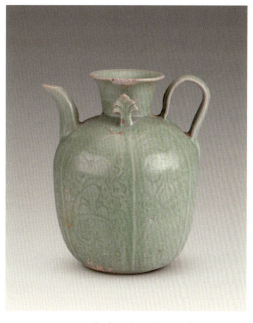

图一五　龙泉窑青釉刻划花执壶

陈安祖夫人墓中出土有龙泉青瓷盘。

20世纪60年代，温州市白象塔出土的北宋菩萨造像，从底部垫烧方法、施釉工艺到制作风格都与北宋龙泉窑相似。菩萨结宝顶髻，头戴庄严冠，面相慈悲，额饰白毫，缯带飘垂肩旁，臂有宝钏，胸配璎珞，左肩斜披络腋，衣饰华美，游戏坐姿，圆台形须弥座，座上立一鸽子。从菩萨的装扮到坐姿等，尤其是右腿曲蹲、左腿盘坐的休憩坐姿，一改佛教造像直立或打坐的成规，无拘无束，自由自在，几成观自在菩萨即水月观音的经典姿势，是北宋的流行样式。

大维德基金会藏有"元丰三年"（1080年）铭盘口瓶（图一六），腹部题刻"粮墉承，贮千万年香酒归去，伯年归后，荫翳千子万孙，永招富贵，长命大吉，受福无量，天下太平元丰三年闰九月十五，圆日，愿烧上色"[1]，大致说明了此类瓶型的用途和象征意义。日本奈良大和文华馆收藏的青瓷多嘴罂（铭文中有"元丰三年又九月十五圆日"），与大维德基金会盘口瓶一样，均烧制于元丰三年闰九月十五日。从这两件瓷器的铭文对闰九月的不同称法看，它们可能分属两个窑场的制品，至少铭文非出自同一工匠之手，由此可以窥见龙泉窑在北宋晚期的元丰年间已初具规模。

此外，也有人经常把龙泉出土的盖内墨书"庚戌十二月十一日太原王记"的五管瓶作为北宋时期的典型器（图一七）。但在笔者看来，这件"庚戌"年器物定为南

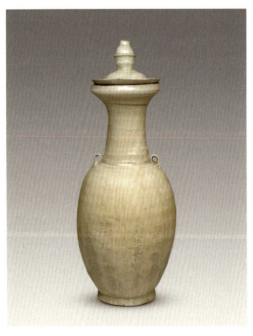 

图一六　大维德基金会藏"元丰三年"铭盘口瓶　　　　图一七　龙泉出土北宋五管瓶

［1］（英）霍吉淑：《道破玄机：英国大维德爵士所藏中国铭款瓷》，《美成在久》2015年第1期。

宋要更恰当一些。该五管瓶高29.2厘米，覆盘式盖，盖纽呈重叠罐状，盖顶呈穹隆状，下缘翘起，圆唇，子口较高，顶饰折扇纹；瓶直口，微敛，方唇，溜肩，弧鼓腹，矮圈足外撇，腹分五级，由下而上逐级内收至口部，肩部有5个圆柱状管，上腹饰折扇纹，下腹饰仰莲纹，通体饰黄绿釉，灰白胎。其盖内墨书"庚戌"，学者们推测应为北宋熙宁三年（1070年），但是我们从瓶下腹部莲瓣内的篦纹情况看，其年代似乎不应该这么早。我们知道，越窑南宋早期的器物非常流行莲瓣加篦纹的装饰，北宋晚期则未见。而从该五管瓶底部看，其圈足内没有施釉，很明显是因为采用泥饼填烧工艺而不能在外底施釉。从丽水南宋淳熙五年（1178年）何偁墓出土的梅瓶盖子看（图一八），其莲瓣加篦纹的装饰与"庚戌"年五管瓶上的完全一致，而出现年代已经到了1178年，与1070年要相差100年，其流行时间似乎长了些。此外，何偁墓梅瓶的装烧工艺采用的也是泥饼填烧法。当然，墓葬中出土的器物与其实际生产的年代会有时间差，但作为普通的器物，

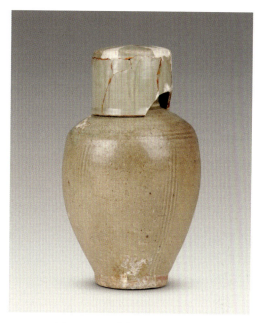

图一八　丽水何偁墓出土梅瓶

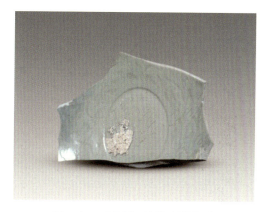

图一九　"绍熙五年"刻款瓷片

这个时间差不会太长。另外，从前几年出土的有"绍熙五年"（1194年）刻款的残碗看（图一九），其外腹的装饰是同样的莲瓣加篦纹装饰，装烧工艺也是泥饼填烧。如果将"庚戌"年五管瓶与日本奈良大和文华馆藏"元丰三年"（1080年）五管瓶比较，可以看到两者腹部的莲瓣装饰是不同的，一个是莲瓣加篦纹，一个是复线莲瓣；管的形状也不同，一个是内收的，一个是外斜的。尽管文华馆藏五管瓶仅有器身，没有盖子，但从同时期其他五管瓶的形状看，凡是五管外斜的，其盖子均为套住罐口，而五管内收的，盖子都有子口，其方式是不同的。而"庚戌"瓶的盖子恰恰是有子口的，所以与文华馆藏"元丰三年"五管瓶差别较大。种种迹象表明，"庚戌"年五管瓶的年代没有熙宁三年这么早，可以推后60年，即定为1130年更为合适。

北宋晚期的"龙泉县窑"似乎是在短期内陡然兴起的，当时已具有相当大的规模。此类青瓷除用于国内销售外还大量用于外销，在沉船及世界各地的一些遗址中也经常出土，其中以日本和东南亚为多。

通过上述资料可知，这类普遍采用刻划花装饰的青瓷在北宋中晚期一直烧造，加之元祐七年（1092 年）的瓯江治理工程使龙泉及其相连水路得以真正开通，"凡昔多难，尽成安流"[1]，故出土这类产品的遗址范围并不局限于龙泉及周边县市，在江苏、四川等地也有出土。可见这一时期的龙泉窑发展壮大，开始占领部分青瓷市场，其产品在北宋晚期已经进入外销市场，也让龙泉窑产品进贡朝廷成为可能。

关于北宋晚期时龙泉窑产品是否已经进入宫廷，叶寘的《坦斋笔衡》为我们做出了回答："本朝以定州白瓷器有芒，不堪用，遂命汝州造青器，故河北唐、邓、耀州悉有之，汝窑为魁。江南则处州龙泉县窑，质颇粗厚。政和间，京师自置窑烧造，名曰官窑。"[2]有学者根据《坦斋笔衡》中这条关于窑业的记载，认为北宋时期的龙泉窑质量很粗，与宫廷用品存在很大差距。从我们前边对北宋晚期龙泉窑刻划花产品的描述中也可以看到，这个时期的龙泉窑产品总体面貌是胎比较粗厚，制作似乎也不如早期之淡青釉产品。但我们也看到，叶寘在文中与龙泉窑做比较的都是非同一般的窑场，无论是"不堪用"的定窑，还是"命造青器"的汝窑，或者是直接为宫廷服务的官窑，都与宫廷有着密切的联系，即这几个窑场在当时都为宫廷烧造瓷器。也就是说，北宋末期的龙泉窑与定窑、汝窑、官窑等的地位是一致的，其已经进入皇家的视野，在为宫廷烧造瓷器了。龙泉窑在此时已然成为江南青瓷的代表，这与越窑最后一次进贡"秘色瓷"是在熙宁元年（1068 年）的记载[3]是吻合的。北宋后期，越窑因各种原因而逐渐衰颓，南方制瓷业中心向龙泉转移，龙泉窑在大规模烧造粗厚产品的基础上烧造部分宫廷用品也是顺理成章的。《坦斋笔衡》中讲到龙泉窑质颇粗厚，重点可能更多体现在厚上，这个厚是相对北方地区的定窑、汝窑而言，与南方瓷土含铝量低有关，一直到南宋时期，由于紫金土的掺入，瓷土含铝量提高才使器物的胎变薄成为可能。

另外，宋人庄绰的《鸡肋编》："处州龙泉县多佳树，地名豫章，以木而著也……又出青瓷器，谓之秘色。钱氏所贡，盖取于此。宣和中，禁庭制样需索，益加工巧。"[4]人们往往因为"又出青瓷器，谓之秘色。钱氏所贡，盖取于此"的记载而怀疑此书的真实性。前文已经提到，由于至今没有对吴越国时期的龙泉窑生产情况进行更多的工

[1]（清）顾国诏、张世植：《光绪龙泉县志》，中华书局，1957 年。

[2]（宋）叶寘：《坦斋笔衡》，（元）陶宗仪《辍耕录》卷二十九《窑器》，津逮秘书本。

[3] "神宗熙宁元年十二月，尚书户部上诸道府土产贡物……越州，绫一十匹、茜绯纱一十匹、秘色瓷器五十事。" 见《宋会要辑稿·食货》卷四十一，中华书局，1957 年。

[4]（宋）庄绰：《鸡肋编》，中华书局，1983 年。

作，虽然在金村窑址的调查中发现唐代风格的饼足泥点支烧碗与圈足垫圈支烧的淡青釉产品共出的情况，但是否经历五代吴越国却并不清楚，而秘色瓷是越窑的特色产品，许多文献也都提到越窑在吴越国时期大量烧造秘色瓷并用于进贡，所以对《鸡肋编》的记载有所怀疑也是正常的。

庄绰一生历经北宋神宗、哲宗、徽宗、钦宗和南宋高宗五代，曾在南北各地的郡县做过官，足迹遍及京西、淮南、两浙、福建、江西、荆湖和广南，交游甚广，见闻颇丰。豫章位于今龙泉市兰巨乡，在唐代江南东道括州的版图上，龙泉境内山的地理标志仅有一座豫章山，北宋《元丰九域志》卷五"望龙泉"条记有"州西南三百五十五里五乡高亭一银场有豫章山龙泉湖"，亦只提到豫章山。这可能与唐宋之时龙泉豫章山因出铜而著有关，龙泉县"地名豫章"正是当时豫章闻名的反映。"处州龙泉县多佳树，地名豫章，以木而著也"是实实在在存在的，而庄绰在谈到"钱氏所贡"时用了一个"盖"字，"盖"即大概如此，说明其并不肯定，故其记载的可信度还是很高的。如果把《鸡肋编》与《坦斋笔衡》结合起来考虑，两书记载的龙泉窑北宋晚期与宫廷的联系在时间上符合，内容上也一致，而且还明确指出了这种供货的性质是"制样须索"。至于为什么庄绰在书中提到"钱氏所贡，盖取于此"，可能与吴越国时期的法师德韶有关。天台德韶（891～972年）是五代时期禅宗法眼宗僧人，也是龙泉人，而且是龙泉历史上最著名的高僧，与吴越钱氏关系甚密。他十五岁出家，十八岁受戒，后在天台山传法，吴越钱俶当时在台州作刺史，曾延请问道。钱俶继承王位后，遣使迎请，尊德韶为国师，开堂说法。从德韶法师与吴越国王的亲密关系看，如果此时龙泉窑真的能烧造出优质青瓷的话，作为贡品是很有可能的，但是从现有调查发掘资料看，尚未有龙泉在吴越国时期就烧造质量很高的青瓷的线索。至于说龙泉窑烧造秘色瓷，倒大可不必纠结于此，因为到宋代以后，秘色瓷成了高档优质青瓷的代名词，无论是耀州窑，还是汝窑、龙泉窑、官窑，甚至高丽青瓷，都打着秘色的名号。至于"宣和中，禁庭制样需索，益加工巧"，从近几年龙泉窑的调查发掘情况看，理论上也是讲得通的。但这种"制样须索"产品到底是怎样的风格，我们并不清楚。

在北宋晚期龙泉窑中，除了常见的繁缛的刻划花产品外，有一类产品做工考究，色泽淡雅，装饰相对简单，题材基本都是仙道之类（图二〇），或与仙道有关，似乎与宋徽宗尊信道教、大建

图二〇　仙道题材装饰

宫观、自称教主道君皇帝的背景相符，但数量并不多。从晚唐以来，统治者所喜爱的瓷器基本都是素面的，以造型和釉色取胜，不管是唐五代越窑的秘色瓷，还是宋代的汝窑、官窑及龙泉窑产品，基本都不事装饰，而这类产品尽管与繁缛的刻划花产品相比已经显得简洁，但毕竟与传统宫廷用瓷风格不同。不过，宋代统治者使用的瓷器除了不事装饰的产品外，也有少量有简单的装饰，而从作为宫廷用瓷的定窑看，似乎宫廷也曾喜欢一些简单装饰的产品。所以，我们能否推测当时龙泉窑也为宫廷生产了一些具有简单装饰的青瓷呢？而且从装饰情况看，这类产品也有如汝窑、官窑的多重半浮雕的复线莲瓣，瓣上用细线辅助装饰。当然这还属于没有依据的臆测，有待深入研究。

正是有了北宋时期打下的基础，龙泉窑在南宋时期迅速走向成熟，并形成了自己的风格，进而形成一个较大的瓷窑体系，不仅胎釉配方、造型设计、装饰艺术、上釉方法及装窑烧成等方面有了重大的改变和提高，器形种类更是大大丰富。由于熟练掌握了胎釉配方、多次上釉技术以及对烧成气氛的控制，其釉色纯正，粉青釉和梅子青釉达到了青瓷釉色之美的顶峰。

宋元时期福建北部的青瓷及其相关问题

栗建安

（福建博物院文物考古研究所）

前　言

　　福建省北部地区，俗称"闽北"，其东北与浙江省相邻，西北与江西省接壤，地理范围主要是现在南平市辖区内，下设延平（原南平市区）、建阳（原建阳市）两区，邵武、武夷山、建瓯三市，及顺昌、光泽、浦城、松溪、政和五县，市行政中心现位于建阳区南林大街。

　　福建省第一大河闽江，是其上游三大支流建溪、富屯溪、沙溪在南平市附近汇合而成，因此福建北部属闽江上游地区，地貌特征是以丘陵山地为主的低山区（图一），

图一　福建北部地势图
（引自福建省地方志编纂委员会：《福建省自然地图集》，福建科学技术出版社，1998 年）

15

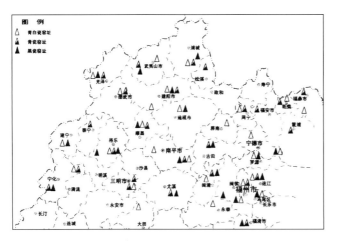

图二　福建北部宋元时期窑址分布图

（引自曾凡：《福建陶瓷考古概论》，福建省地图出版社，2001 年）

属典型的中亚热带海洋性湿润季风气候。当地的森林、矿产资源丰富，为历史上大规模烧造陶瓷器提供了优越的燃料、原料、水源等自然条件。

经过多年的文物考古调查和发掘，目前已在福建北部发现了西周时期的武夷山竹林坑原始青瓷窑址[1]、东汉晚期至三国时期的政和县象山青瓷窑址[2]。此外还在武夷山、松溪、浦城、建阳、建瓯、光泽、邵武等地发现有唐五代时期的青瓷窑址，其产品以青瓷为主，器形品种较前代增多，还出现了釉下褐彩（团彩、点彩等）装饰。从这一时期福建北部青瓷窑址的考古学文化内涵考察，其窑业技术与越窑应有密切关系，受到后者的强烈影响[3]。

宋元时期是福建北部窑业发展的鼎盛期，已发现窑址的数量较前期大大增多（图二），窑场的规模有所扩大，青瓷烧造继续发展、提高，大部分青瓷窑场还兼烧黑釉瓷器或白瓷（青白瓷）。与此同时，福建北部的窑业产品开始进入中国陶瓷外销的行列，青瓷是其中一个重要的品种。

一　宋元时期福建北部青瓷窑址的考古发现

20 世纪 50 年代以来，福建省各级文物考古机构对宋元时期福建北部窑址进行了多次全面的考古调查，对一些重点的窑址还进行了考古发掘[4]。其中，发现的烧造青瓷的较重要的窑址有松溪回场窑、武夷山遇林亭窑、建阳白马前窑、南平茶洋窑等。现将考古发现概况介绍于下。

［1］中国国家博物馆水下考古研究中心、福建博物院文物考古研究所、武夷山市博物馆：《武夷山古窑址》，科学出版社，2014 年。

［2］福建博物院：《福建政和县发现东汉晚期至三国时期窑址》，《南方文物》2013 年第 4 期。

［3］曾凡：《福建陶瓷考古概论》，福建地图出版社，2001 年；福建省博物馆：《建阳将口唐窑发掘简报》，《东南文化》1990 年第 3 期；栗建安：《福建地区的越窑系青瓷》，《2007'中国·越窑高峰论坛论文集》，文物出版社，2008 年。

［4］栗建安：《福建古窑址考古五十年》，《陈昌蔚纪念论文集·陶瓷》，台湾财团法人陈昌蔚文教基金会，2001 年。

1. 松溪回场窑

松溪县宋代回场窑遗址位于城关
西南、松溪（闽江上游支流）的北岸。
1958 年考古调查时发现有 12 处窑址
堆积，地表暴露的龙窑遗迹残长 50 ～
80、宽 2 ～ 2.5 米，窑址总面积约 6
万平方米（图三）[1]。1979 年，福
建省博物馆对回场窑窑址进行了局部
发掘。采集、出土的窑具大多数是凹

图三　回场窑址的废品堆积

底匣钵（即剖面呈 M 形的匣钵），也有少量凸底匣钵（又称漏斗形匣钵或 V 形匣钵，
剖面大致呈 V 形）及垫具（垫柱、垫座、垫饼、垫圈等）。产品以青瓷为主，胎色灰、
浅灰；釉色有青绿、青黄、青灰、黄褐等，以青绿色为多；器形有碗、盆、盘、碟、盏、
杯、豆、罐、瓶、炉、执壶、水注、灯盏、研钵等；器物装饰有双面或单面刻划、篦划，
部分模印，纹样题材有荷花、卷草、团菊、蕉叶、牡丹、水波、婴戏以及文字等。其
中碗多为敞口、斜弧腹、矮圈足，里满釉、外釉施至裹足（也有外釉不及底的）、外
底露胎，外壁刻宽篦纹，内壁多有水波篦点、叶脉、刻划卷草、荷花等纹样（碟、器
盖等也多饰相同纹样）；水注为圆唇、直口、扁鼓腹，曲管状流，双槽宽带把，有青釉、
酱黑釉两种，均外饰篦划纹；青釉莲瓣纹灯，灯盏上部形似深腹碗，外刻篦划纹仰莲瓣，
内立五管，每管底部有一小孔，中央一管顶端刻 6 个三角形凹口，灯盏座为喇叭形圈足；
此外还有青釉葵口盏等。与青瓷器同窑装烧的还有酱黑釉器。（图四～八）

回场窑址青瓷器的面貌与同期浙江龙泉窑的青瓷产品相似，据此推断回场窑的年
代为北宋到南宋中期[2]。

图四　回场窑址采集的"张"字款青瓷碗标本
（福建博物院文物考古研究所资料）

［1］林忠干、赵洪章：《福建松溪唐宋瓷窑的探讨》，《中国古陶瓷研究（第三辑）》，故宫博物院紫禁城出版社，1990 年。
［2］福建省博物馆：《福建松溪县垌场北宋窑址试掘简报》，《考古学集刊（第二集）》，中国社会科学出版社，1982 年。

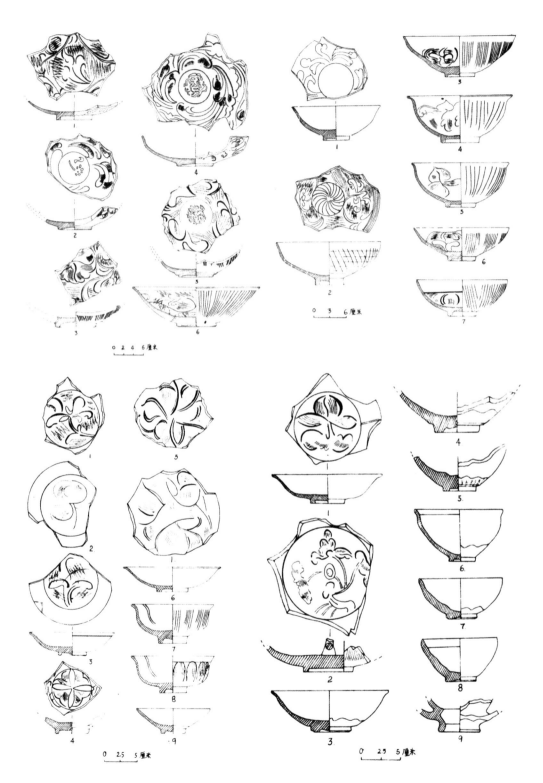

图五　回场窑址青瓷标本

（引自陈寅龙、朱煜光：《略论福建松浦古窑产品的类型与特点》，《福建文博》1996年第2期）

1

2

3

图六　回场窑址采集的青瓷标本
（福建博物院文物考古研究所资料）

1

2

3

图七　回场窑址采集的青瓷标本
（福建博物院文物考古研究所资料）

1

2

3

图八　回场窑址采集的青瓷标本
（松溪县博物馆资料）

图九　西门窑址窑炉外侧匣钵砌成的护坡

2016 年夏，福建博物院文物考古研究所对回场窑的西门窑址进行了抢救性考古发掘，揭露龙窑遗迹一座，窑炉后段的护坡是用大量匣钵堆砌而成的（图九），出土一批窑具、瓷器标本。目前西门窑址的发掘资料仍在整理中。

与松溪回场窑相近的浦城碗窑背窑址、半路窑址等，基本面貌和内涵均与回场窑相似或相近。（图一〇）

2.武夷山遇林亭窑

武夷山遇林亭窑发现于 20 世纪 50 年代，曾经多次进行考古调查。为配合武夷山风景区建设，福建省博物馆于 1998 年秋至 1999 年初、2000 年初两次对窑址的中心区进行抢救性考古发掘，

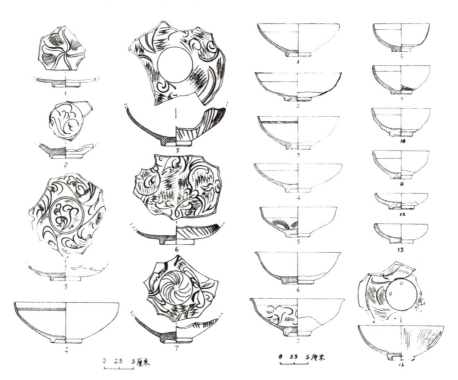

图一〇　碗窑背窑址（左）、半路窑址（右）青瓷标本
（引自陈寅龙、朱煜光：《略论福建松浦古窑产品的类型与特点》，《福建文博》1996 年第 2 期）

发掘面积 3300 余平方米，揭露作坊遗址 1 处，发现墙基、水沟、水井、灰坑、淘洗池等遗迹，其中龙窑遗迹 2 座，保存均较完整（图一一）。根据《武夷山遇林亭窑址发掘报告》[1]（以下简称"发掘报告"），Y1 平面略呈弧形，斜长 73.2、内宽 1.15～2.2 米，窑底坡度 13°～26°，平均为 18°，前段稍陡、中后段较缓，火膛壁有 3 层，窑室中部设出烟室，为后建，说明该遗迹存在叠压打破关系。Y1 是有早晚关系的 2～3 座窑炉，发掘报告将其分为"长窑炉"和"短窑炉"，短窑炉斜长 39.3 米，相对年代稍晚，叠压打破长窑炉。（图一二）

长窑炉以烧造黑釉器为主，兼烧少量青瓷；短窑炉则以烧造青瓷器为主，黑釉器为辅。出土的青瓷器胎质较致密，胎色以浅灰、灰白为主；釉色多青、青灰，也有青绿或青黄的，釉面多有冰裂纹；里外施釉，外釉多至底部，仅足部露胎；器物多为素面，少数有纹样装饰的为单、双面刻划花，内腹主要是篦划、水波、

图一一　遇林亭窑址窑炉基址

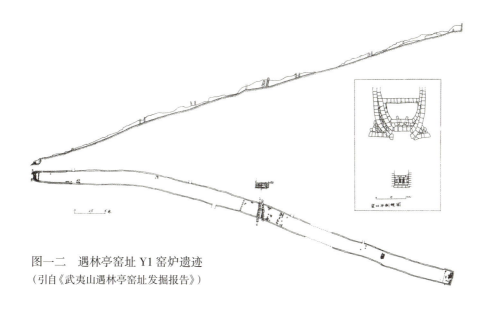

图一二　遇林亭窑址 Y1 窑炉遗迹
（引自《武夷山遇林亭窑址发掘报告》）

---

[1] 福建省博物馆：《武夷山遇林亭窑址发掘报告》，《福建文博》2000 年第 2 期。

草叶纹等，外侧为宽篦纹（折扇纹）。器形有碗、盘、杯、碟、罐、灯盏等，一些器物（碗、碟）上还见有墨书文字。（图一三、一四）

发掘报告将遇林亭窑址的窑炉遗迹与建窑对比，认为该窑址的年代不晚于南宋中期。

遇林亭窑址发掘区出土了有墨书"丙寅六月前宅买置"字样的青瓷器标本。查南宋"丙寅"年有二，即高宗绍兴十六年（1146年）与宁宗开禧二年（1206年）。因发掘报告中未发表该件青瓷标本的图片，因此不知其器形特征。根据Y1青瓷器整体多为素面少有装饰的特点，青瓷器的烧造稍晚于黑釉器以及窑址年代"不晚于南宋中期"等观点，参考有武夷山文物工作者曾经在遇林亭窑址采集到刻有"嘉泰

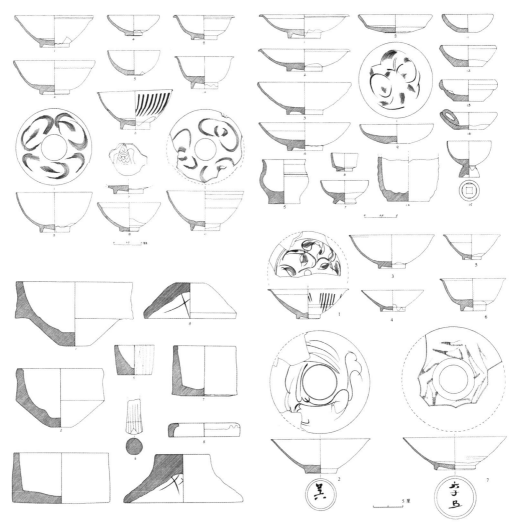

图一三　遇林亭窑址 Y1 出土青瓷器、窑具
（引自《武夷山遇林亭窑址发掘报告》）

1

2

3

图一四　遇林亭窑址出土的青瓷标本
（引自《武夷山遇林亭窑址发掘报告》）

图一五　遇林亭窑址采集的"嘉泰三年"款
荡箍残片
（引自高绍萍：《由"嘉泰三年"荡箍谈遇林亭窑址年代》）

三年"（1203年）款的荡箍残片（图一五），推测此件器物上的墨书"丙寅"可能为开禧二年（1206年）。

3. 建阳白马前窑址

窑址位于建阳麻沙镇大白村的白马前山。由于浦（城）建（阳）高速公路建设，福建博物院对窑址进行了抢救性考古发掘，发现并揭露窑炉遗迹一处，出土一批陶瓷器、窑具标本。该窑址的详细信息尚未正式发表，现将其概况介绍于下。

白马前窑址的窑炉遗迹，窑头、窑尾皆残，中段窑室尚存30余米，平面呈长条形，窑底为斜坡式，残存5～6道砖砌隔墙，局部保留有排列整齐的垫柱，两侧窑壁尚有多个窑门。根据其型式，可判定为分室龙窑。（图一六）

图一六　白马前窑址的分室龙窑遗迹
（福建博物院文物考古研究所资料）

图一七　白马前窑址出土的青瓷标本
（福建博物院文物考古研究所资料）

　　白马前窑址发掘出土的陶瓷器
有青瓷、黑釉瓷。青瓷的器形以碗、
碟为主，皆灰胎、青黄色釉、里外
施釉，有的里满釉，内腹刻划篦点、
荷花、水草纹，有的素面、内底涩圈，
一般外釉不及底、圈足露胎。内底
满釉的可见4枚近长方形的支钉痕，
支钉与涩圈同是用于碗、碟器的叠
烧。出土窑具有垫柱和漏斗形匣钵，
垫柱多用于青瓷器的叠烧，匣钵用

图一八　白马前窑址出土的窑具标本

于单件装烧黑釉盏。此外，也常见在叠烧的成摞青瓷碗最上面放置一件黑釉盏，可知
二者是同窑装烧的。（图一七、一八）

　　白马前窑址出土青瓷器的器形与松溪回场窑的同类产品相似，器物的叠烧方式
也基本相同。因此，白马前窑址的年代应大致与松溪回场窑相当，为北宋晚期至南
宋早期。

4. 南平茶洋窑

茶洋窑位于南平市太平镇茶洋村，自 1980 年发现以来经过多次考古调查。1995 年冬至 1996 年春，为配合水口水库的库区建设，福建省博物馆对茶洋窑的大岭干和安后山两处窑址进行了抢救性发掘。发掘面积共计 600 平方米，揭露窑炉、工棚等遗迹，出土大批陶瓷器、窑具等遗物标本。

大岭干窑址发掘面积 280 平方米，揭露保存程度不同的窑炉遗迹 5 座、工棚遗迹 1 处。5 座窑炉遗迹中，Y1、Y2 保存较好，其他 3 座破坏较严重。因时间和经费的原因，均仅发掘了窑炉中段的一部分，其他残存部分未再进行发掘。

大岭干窑址的 Y1、Y2 均为长条形、斜坡式、砖砌龙窑。

Y1 直接叠压打破 Y2。Y1 斜长 26.78 米，水平长 24.14 米，宽 1.1～2.2 米，高差 11.04 米，窑底坡度自前向后分别为 29°、24°、16°，平均为 23°。窑头尚存半圆形的火膛底部和呈扇形排列的 7 道炉栅，火膛前还有点火口及窑前工作面。发现的两座窑门均开于窑室的东侧，宽约 0.5 米。两侧窑墙内壁的下方有数处烧结面，推测其上方可能是投柴孔的位置，根据烧结面的分布，推测投柴孔的间距为 3～4 米。窑尾的出烟室仅局部保存有烟火柱遗迹。窑室底部残留少量的匣钵和垫饼，其中直径约 14 厘米的匣钵置于窑室前段，直径 17～24 厘米的匣钵以及垫饼（形状为圆形和半圆形、直径约 22 厘米）则置于窑室的中、后段。出烟室为砖砌，其前壁以单砖立砌作为分焰柱，出烟口宽约 6 厘米，推算约有 16 柱。根据残存遗迹判断，出烟室的进深约 0.5 米。在窑前工作面前方约 0.8 米处保存有用石块、匣钵片、垫柱等混砌的护坡，残高 0.8 米、残宽约 3.6 米。

Y2 的前、中段（包括窑头和前段窑室）均被 Y1 叠压打破（即被 Y1 沿用），残存的后段斜长 2.32 米，宽与 Y1 略同，窑底坡度 19°，高差 1.04 米。Y2 窑室后段窑底保存着成排放置的筒形垫柱，有的垫柱上还挂有绿釉，说明此处曾经装烧绿釉器，为窑工利用窑尾温度较低来烧造低温器物。窑尾出烟室的后壁砌至山坡的岩体。（图一九）

此外，沿 Y1、Y2 窑炉两侧约 1 米外，多处见有形状虽不规整但顶面光平、底部垫实的石块分布，石块前后间距约 4 米。这些石块可能是柱顶石，由此推知窑炉上方原来是搭有顶棚的。

Y1、Y2 出土的瓷器标本有青瓷、青白瓷、酱黑釉器和绿釉器。瓷器的胎质稍粗，胎色多呈灰、灰白色，多数器物施釉不到底。青瓷器的器形有碗、盏、碟、钵、罐、水注、执壶、炉、灯盏、花盆等，有的小盏内施青釉、外为绿釉。青瓷器的装饰方法为单、双面刻划花，纹样有篦划、荷花、水波、草叶纹等。（图二〇、二一）

根据对出土遗物的初步整理、分析和比较，推测大岭干窑址的年代为南宋时期。

1. Y1 中段窑室   2. Y1、Y2 窑头

图一九　茶洋窑大岭干窑址窑炉遗迹

（福建博物院文物考古研究所资料）

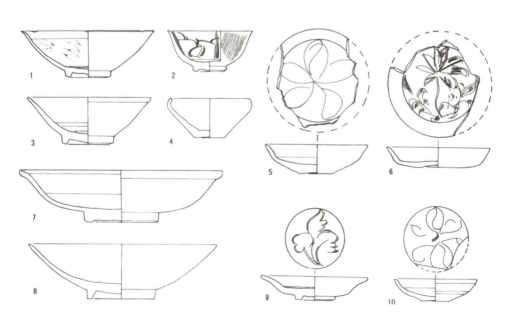

图二〇　茶洋窑大岭干窑址出土青瓷标本

（引自福建省博物馆：《南平茶洋窑址 1995～1996 年度发掘简报》，《福建文博》2000 年第 2 期）

1

2

3

图二一　茶洋窑大岭干窑址出土的青瓷标本
（福建博物院文物考古研究所资料）

安后山窑址考古发掘揭露的窑炉遗迹及出土遗物可分为北宋晚期和元代两大段，产品分别以青白瓷、黑釉瓷为主，青瓷数量很少。此处不作叙述。

二 宋元时期福建北部青瓷窑址的相关问题

根据以上介绍的考古资料，试就福建北部地区宋元时期青瓷窑址相关的几个问题做如下初步探讨。

1. 窑业技术

关于宋元时期福建北部青瓷窑址的窑业技术状况可初步概括如下。

窑炉：普遍使用长条形、斜坡式、砂底、砖砌的龙窑，根据地形特点或烧窑的需要，窑炉平面形状有的是直条形、有的呈弧形（如遇林亭窑 Y1）。约在北宋晚期至南宋早期出现了分室龙窑，如建阳白马前窑址，这是目前福建地区发现的年代最早的分室龙窑（其他发现分室龙窑的有建窑南宋晚期营长墘窑址 Y6、德化元代屈斗宫窑址等）。

窑具：有匣钵（分为 M 形凹底匣钵、V 形或漏斗形凸底匣钵两类）和垫烧具（垫柱、垫饼、支钉等）。松溪回场窑主要使用 M 形匣钵，也有少量的 V 形匣钵，二者的关系尚不明确。而南平茶洋窑仅使用 V 形匣钵，不见 M 形匣钵。

装烧工艺：明火裸烧和匣钵装烧的方式并存（如建阳白马前窑），青瓷还与黑釉器、绿釉器同窑装烧（如南平茶洋窑）。

以上窑业技术诸要素中，在窑炉、垫烧具、装烧工艺不易区分的情况下，装烧具的匣钵或许是区分不同窑业技术传统（或体系）的标尺之一。因此，在福建北部地区，即使其青瓷产品的面貌、特征相同或相似，就其窑业技术传统（或体系）而言，似乎仍可以将使用 M 形匣钵与使用 V 形匣钵的窑址加以区分，前者可归于龙泉窑系统，后者属于仿龙泉窑系统。

2. 窑址年代

根据相关考古资料，福建北部宋元时期青瓷的生产时间大致可以归纳如下。

早期以松溪回场窑、建阳白马前窑为代表，前者为龙泉窑系统，后者属仿龙泉窑系统，年代约为北宋中、晚期到南宋早、中期，松溪回场窑的年代略早，而建阳白马前窑稍晚。北宋时期，与浙江龙泉接壤的福建北部松溪、浦城等县，部分窑址的青瓷产品及其工艺技术与龙泉窑基本相同，如使用 M 形匣钵，器物施釉至底或裹足，装饰多双面或单面刻划花、流行篦纹或宽篦纹等，因此可将其视为龙泉窑系统。而装烧使用 V 形匣钵，器物施釉不及底，刻划花装饰较少、素面较多的窑址，为仿龙泉窑的系统，其年代可能稍晚。

晚期以武夷山遇林亭窑（Y1）、南平茶洋窑（大岭干窑址）为代表，二者皆属于仿龙泉窑系统，年代约为南宋中、晚期。南宋时期，由于龙泉窑的影响日益增大，福建仿龙泉窑青瓷的生产区域迅速扩展，闽江流域大部分窑场都有不同规模的青瓷烧造。产品工艺特征表现的主要差异为：一方面，器物装饰仍然流行双面或单面刻划花、篦纹或宽篦纹，但主体纹样、图案却表现出更加简约、草率、急就的风格；另一方面，器物施釉不及底，外底与足部露胎。器物的装烧则主要使用 V 形（漏斗形）匣钵。总体上看，大致表现为自北向南，即从闽江上游地区向中、下游及福建中部、南部地区传播、扩散的趋势。

南宋晚期以后，福建北部地区的窑业渐趋衰落（如松溪回场窑、建阳白马前窑、武夷山遇林亭窑等），一些维持下来的窑址，其青瓷产品也被白瓷所取代（如南平茶洋窑的安后山窑址），此后白瓷成为这一地区窑业产品的主流。

3. 窑业类型

上述松溪回场窑、建阳白马前窑、武夷山遇林亭窑、南平茶洋窑等都烧造两种以上的窑系产品（有青瓷、青白瓷、黑釉瓷、绿釉器等），但是各窑不同窑系品种的产量和比例关系、生产时间（年代）以及产品流通（内、外贸易）等状况是不平衡的、不断变化的。因此，在一定历史阶段（宋元时期）内有两种以上窑系产品的窑业遗存，成为福建北部古代窑业类型的基本特点。其中，1995 ~ 1996 年发掘南平茶洋窑所获得的遗迹、遗物资料，证实了茶洋窑包含有多种窑系成分（如仿景德镇窑的青白瓷系、仿龙泉窑的青瓷系、仿建窑的黑釉瓷系以及仿磁州窑的绿釉器等），反映了地处闽江上、中游交汇地的茶洋窑在各瓷系的陶瓷技术自北而南向福建其他地区的传播中可能有着十分关键、重要的地位和作用。

4. 产品流通

宋元时期福建北部地区青瓷产品的流通状况，应包含当时国内贸易和海外贸易两方面。

国内贸易方面，已经发表的考古资料较多，例如杭州南宋临安城遗址、宁波元代永丰库仓储遗址以及福州城市遗址等遗址考古报告。从福建北部的地理位置来看，其窑业产品前往内地可能还是经过陆路，而到下游的福州等地则是通过闽江水道运输。

海外贸易方面，根据近年来水下考古的发现，如福建莆田南日岛北土龟礁一号沉船遗址、海南西沙群岛华光礁一号沉船，都有松溪回场窑的青瓷器出水（图二二 ~ 二四），可见它们是经过海路外销的。北土龟礁一号沉船、西沙群岛华光礁一号沉船都在传统的海上丝绸之路的航线上，其航向是前往东南亚地区的，因此在菲律宾见到松溪回场窑的青瓷器是很正常的（图二五）。如果从这些外销瓷器的产地、窑口出发，还可以推测它们是通过闽江水道，出福州港入海的，从而清楚地指示出它们的流通方向和贸易路线。

1. 北土龟礁一号沉船遗址器物

2. 北土龟礁一号：12

3. 北土龟礁一号：18

图二二　北土龟礁一号沉船遗址出水青瓷标本
（引自福建沿海水下考古调查队：《2008 年莆田沿海水下考古调查简报》，《福建文博》2009 年第 2 期）

图二三　华光礁一号沉船出水的松溪回场窑址青瓷标本

（引自中国博物馆水下考古研究中心、海南省文物保护管理办公室：《西沙水下考古》，科学出版社，2006 年）

图二四　华光礁一号沉船出水的松溪回场窑址青瓷标本
（引自《西沙水下考古》）

图二五　菲律宾见到的松溪回场窑青瓷碗

北宋晚期龙泉窑渊源略论

郑建明

（复旦大学）

引　言

　　如果以现在的龙泉以及庆元县的部分地区[1]作为龙泉窑的核心分布区，则该地区的窑业肇始于唐代，五代虽然延续，但规模均不大，且分布零星，没有形成规模化的格局；北宋中期前后开始成系列、成规模地生产，地域上主要是包括庆元上垟地区在内的龙泉金村地区，可以看成是龙泉窑的真正开端；北宋晚期或两宋之际开始扩展到包括大窑、石隆、溪口、东区在内的整个龙泉地区，不仅生产规模庞大，产品质量亦明显提高；至南宋及元代，大窑地区取代金村成为最核心区域，而作为中心窑场大窑的重要补充，溪口、石隆的窑业规模亦不断提高，产品质量仅次于大窑，由此四个片区逐渐构成了龙泉窑的核心区；元明时期，因外销等原因，龙泉东区的瓯江两岸借助便利的水运条件等，窑业规模不断扩大，产量甚至超过了大窑地区，但质量普遍较差，远不及大窑；明代中期以后，龙泉窑整体质量下降，但其生产其实一直延续至今。在产品类型上，北宋时期龙泉窑主要是装饰大量刻划纹的透明薄釉类制品，南宋或两宋之际大窑接受北方汝窑的制作技术，并成功创烧粉青的乳浊厚釉类产品，使龙泉窑步入了中国古代名窑的行列。从目前的考古材料来看，龙泉窑除纵向的分期之外，横向上至少可以划分成多个类型。任世龙先生在《龙泉青瓷的类型与分期试论》《龙泉窑的双线生产——再论龙泉青瓷的两大系列》《论龙泉窑的时空框架和文化结构》等文章中，已经意识到龙泉窑除时代上的差别外，还存在着产品类型上的区别，并将之划分为"两路三类"，即薄釉刻花与厚釉制品两大系列，厚釉又分黑胎与白胎两类，共构成三大类产品。这是最早将龙泉窑置于完整的时空格局中进行讨论的文章。

　　以 2006 年大窑枫洞岩的发掘为契机，至 2015 年刚好 10 年，我们在龙泉地区进行了大量持续的野外考古发掘与调查工作，除继续发掘了溪口瓦窑垟、小梅瓦窑路、

---

[1] 庆元县的设置要晚至南宋庆元年间，因此早期龙泉窑窑址均分布于当时的龙泉地区。

庆元黄坛等窑址外，还对龙泉整个区域内的窑址进行了全面系统的调查与勘探，对龙泉窑的时空框架有了更加全面的认识：整个龙泉地区窑业的地域性特征非常明显，按照各自特点，目前至少可以划分成金村、大窑、东区三大类型。

金村类型最早，在北宋时期开始烧造越窑系的淡青釉产品，以透明薄釉和刻划花装饰为主要特征。这一特征在金村地区一经出现就获得强大的生命力，并在北宋晚期至南宋早期达到顶峰，许多器物双面满饰纹饰。到南宋中期，装饰的布局虽由繁缛趋向于简洁，但此类薄釉刻划花装饰仍是金村地区的主流。南宋中期前后，金村地区在延续自己传统的同时，反过来接受大窑地区窑业的影响，开始生产乳浊釉类产品，但比例低，产品釉层薄且质量较差。金村地区的装饰技巧在乳浊釉类产品上得到了创造性发展，根据乳浊釉厚而失透的特征，其装饰技法由原来的阴线刻划发展成近浅浮雕的减地刻划法，纹饰清晰而简洁，题材主要是莲瓣纹。南宋晚期，金村地区在鼓凸莲瓣纹装饰的乳浊釉产品基础上生产出一批极精致的厚釉类产品，进一步大窑化，而自身特征却不断减少。元明时期，金村地区产品与大窑地区已几无区别。

大窑地区在北宋晚期接受金村地区窑业的影响开始烧造瓷器，两地产品面貌非常接近，但最高质量的产品似乎仍主要在金村地区。南宋早期，大窑地区接受汝窑影响生产一种失透的产品，南宋早中期前后发展成主流，并出现多次上釉的厚釉类产品，从而为龙泉窑开创了一个全新的局面。南宋中期前后，大窑的乳浊釉青瓷烧造技术迅速扩张到金村、石隆、溪口以及东区，成为时代的主流，南宋晚期到元代达到鼎盛，高质量的青瓷产品生产一直延续到明代早期。因此大窑地区是南宋、元与明代龙泉窑生产的最核心产区。溪口与石隆地区在北宋末期或两宋之际开始窑业生产，南宋中期前后规模扩大、质量提高，但均无法与大窑地区相比。由于溪口、石隆与大窑几乎处于同一山谷中，所以其北宋末期的窑业更可能是受大窑扩散的影响而出现的，南宋与元明时期这里更是与大窑最为接近的窑业地区，因此石隆与溪口可以与大窑看作同一类型，是大窑的重要补充。

东区的情况相对比较复杂，从目前的考古材料来看，其窑业最早出现的时间可能与溪口、石隆等地差不多，约在北宋末期或两宋之际，面貌上也是透明薄釉的刻划花产品。尽管东区在南宋至元代有少量窑址，如云和梓坊等，亦生产质量较高的厚釉素面青瓷，甚至是黑胎产品，但整体上看，南宋及以后这种刻划花薄釉技术的延续性与繁荣性在东区甚至超过了金村地区。南宋中期，东区产品除外腹鼓凸的莲瓣纹装饰外，还流行在大口器物的内腹部刻划云气、莲荷等纹饰，这种风格在金村地区也存在，但在东区延续时间更长，甚至可能到了南宋晚期至元代早期。进入元明时期，东区产品则流行使用模印、刻划、堆贴、修挖、镂空等技法，极尽装饰之能事，几乎是整个龙泉地区最富装饰性的一个类型。金村地区从南宋中期到南宋晚期逐渐接受大窑的技术影响，到了元明时期几乎与大窑融为一体。东区窑业的独立性明显高于金村类型，北宋末期或两宋之际，这一地区始烧的窑业技术可能来自于大窑—石隆—溪口一线的扩张，但在南宋中期以后并没有像金村一样牺牲个性来提高质量，而是将刻划花装饰的薄釉技术进一步发扬光大，当然质量相对来说比较一般，尤其是进入明代中后期，几乎可以"质粗色恶"来形容。

以上之所以介绍龙泉窑三个类型及其粗线条发展脉络，是想将龙泉窑各个时期不同产品类型，尤其是本文将要探讨的北宋晚期产品类型固定在特定的时空坐标内，以此为基础来探索它的来龙去脉与相互影响会更有意义。

从以上时空框架可以发现，南宋中期之前的龙泉窑一直在对全国著名窑口窑业技术进行吸收并力图突破，北宋时期的努力主要集中在金村地区，南宋以后转移到大窑地区，比较明显的是北宋中期对越窑的模仿与吸收及南宋早期或两宋之际对汝窑的模仿与吸收。北宋晚期产品既不同于北宋中期的淡青釉产品，亦与南宋早期的乳浊釉青瓷有较大区别，应该是另有来源。要梳理这一来源，在理清龙泉地区自身发展脉络的基础上，结合横向与国内其他窑场的比较会有更合理的认识。而龙泉地区的发展脉络，从三个类型的演替来看，主要是在金村地区发展与扩张。因此本文首先要梳理的是金村地区的发展脉络。

一 两宋时期金村地区龙泉窑序列

1. 北宋淡青釉产品

北宋时期最早的龙泉窑产品一般称为"淡青釉"，是龙泉窑早期产品的特定称谓（图一）。它大致可以划分成前后两个阶段。

主要器形有碗、盘、盒、盂、执壶、罐、盏、盏托、钵、五管灯、斗笠碗、熏、盘口壶、五管瓶等。整体上胎体较厚重，尤其是底部与圈足。圈足多较粗矮，足壁较直，足端较为方平，缺少越窑常见的足端较圆而外撇的纤细圈足。

装饰较为复杂，有细划花、粗刻花、堆塑、镂孔等技法，以刻花技法最为流行，除轮廓线外，还使用各种地纹以衬托主体纹饰。装饰一般见于碗、盘类大口器物的内底或内外腹部，执壶、盘口壶、五管瓶类小口器物的外腹部，盏托类宽沿器物的沿面上，整体上内容繁密、布局严谨。划花的纹饰主要是花卉、云气等，海涛纹亦有一定的数量，线条较为流畅。花卉纹饰布局上除沿用团花与缠枝两种格局外，出现大量简化的纹饰。刻花一般作单侧斜坡状的阴线刻划外轮廓线，内填以极细的茎络纹，整体纹饰清晰、线条明快。花卉纹饰有牡丹、莲瓣、蕉叶以及缠枝花卉等。牡丹作盛开的造型，构图多类似于团花状，花瓣左右对称，多个近圆形布局。莲瓣、蕉叶纹阴线刻划，中心略

1. 碗

2. 盘

3. 盏

4. 盏托

5. 碗（匣钵）

6. 壶（外底垫圈）

图一　北宋中期前后金村器物

凸起，造型较瘦长。

胎质细腻，胎色较浅而几近白色。釉呈淡青色，积釉厚处则泛湖绿色，釉面光洁莹润，部分略泛黄的器物有象牙的质感。

装烧上包括满釉垫圈单件匣钵垫烧、满釉多件直接叠烧、半釉多件直接叠烧（此处半釉为外腹施釉不及底）、满釉与半釉多件混合直接叠烧、半釉直接叠烧与满釉垫圈直接叠烧的混合叠烧等多种形式。窑具包括匣钵、垫圈与支烧具。匣钵以 M 形为主，另有少量的筒形，前者一般较浅，后者则多较深，除单件匣钵装烧外，目前尚不能确定是否在匣钵内亦有多件叠烧的情况。垫圈多作矮圈形，亦有作"山"字形的。支烧具多为矮喇叭形，从粘结的情况来看，主要用于直接叠烧器物的装烧。

淡青釉产品后期有不断衰落的趋势，器类减少、器形单一、纹饰简化而粗率。产品以素面为主，带装饰的器物比例远远低于前期，装饰的纹样亦更加粗率，内容简单，布局单一，不见以细线刻划地纹的多层结构，仅寥寥数笔刻划大致的轮廓，一般仅见于器物的单面，双面装饰的情况几乎不见。胎色灰白，胎质变粗而略疏松。釉色白中泛黄，釉层极薄，釉面干枯，质感不强，绝大多数器物外腹施釉不及底，施釉线较为随意。窑具及装烧方式变化极大，泥质小圆饼代替瓷质的垫圈成为主要的垫烧工具，匣钵仍有，但数量极少。单件器物匣钵装烧的比例极低，多数器物直接叠置明火裸烧，器物之间以泥点间隔，泥点较大，多为长条形，碗、碟类器物常用五个。

2. 北宋晚期翠青釉产品

淡青釉产品在北宋中期偏晚阶段有一个逐渐衰落的过程，北宋晚期代之以一批釉色青绿的翠青釉产品，其面貌与北宋中期的淡青釉产品相比发生了极大的变化（图二）。按照器形及装饰风格，北宋晚期的翠青釉产品亦可划分成前后两个阶段。

主要器形包括碗、盘、碟、执壶、五管灯、盒等，以碗、盘、碟类为主。与北宋中期相比，造型发生了较大的变化：器形大型化且更加厚重，尤其是器物的底部明显加厚，部分碗类器物的圈足变高，但足壁仍旧较直；无论是碗还是盘，侈口的比例有所增加，甚至斗笠碗亦见有相当比例的侈口造型；碗、盘类的花口造型较为少见；执壶从瘦高演变成较为矮胖，但出筋的屏风式布局风格仍旧保留。

装饰极为发达，广泛见于碗、盘类大口器物的内底与内腹部或内底与内外腹，碟类器物的内底，执壶、罐类小口器物的外腹部，宽沿类器物沿面。以刻花技法占据绝对的主流，题材主要是缠枝花卉、莲瓣纹、折扇纹，少量的篦点纹、蕉叶纹等，一般满饰于装饰器物的内、外腹。除主体纹饰外，还见有大量以篦划纹、篦点纹等作为地纹，纹饰层次分明，主次清晰。花卉中新出现缠枝菊瓣纹并被广泛使用，多朵组合布局于碗、盘的内腹，盖面，执壶、瓶、罐等器物的外腹等，纹饰深而清晰，布局严谨；莲瓣纹多不再鼓凸于器物表面，而以粗线刻划轮廓，内填以极细的茎络纹，一般见于

1. 碗（外底泥饼）

2. 碗

3. 盘

图二　北宋晚期金村器物

器物的外腹部；缠枝花卉与折扇纹一般组合出现，前者见于碗、盘类器物的内腹，后者见于外腹部；篦点纹多作为粗刻划花的地纹；蕉叶纹较前期略为简洁，大片状布局于碗类器物的外腹部。

　　胎釉亦发生了极大的变化。灰白色胎，胎质细腻坚致，气孔较少。釉色以较深的青中泛翠的青绿色为主，施釉均匀，釉层较厚，釉面匀净莹润而饱满。胎釉结合好，极少生烧与剥釉现象。部分釉色泛黄而呈青黄色。

　　装烧工艺由北宋中期后段的叠置明火裸烧为主变成以一匣一器的匣钵单件装烧为主，几乎所有的器物外底都不施釉，以泥质小圆饼垫烧。匣钵以 M 形占绝大多数，也有少量平底匣钵。支烧具基本不再使用。

　　北宋翠青釉产品前后两段最大的变化在于装饰呈逐渐简化的趋势，其中晚段流行以篦点纹为地的刻花纹饰，团花更加简化，部分仅有寥寥数笔，且较为杂乱无章。

翠青釉产品在北宋晚期开始传播到大窑地区，在北宋末期、南宋初年扩散到石隆、溪口与龙泉东区，从而迎来龙泉窑的大发展时期。部分产品胎釉质量极高、装饰华丽、器形端庄，符合文献记载的"制样须索"的特征，器形规整，纹饰精细，胎质更细，釉色更润。北宋晚期的翠青釉产品是龙泉窑从地方性窑口成为全国性大窑场、产品从仅限于地方使用到进入宫廷的重要标志。

3. 南宋早期的翠青釉产品

金村地区南宋早期的产品无论是在器形、装饰还是在装烧等工艺上，都基本沿袭北宋晚期的翠青釉产品（图三）。器物种类主要有碗、盘、碟、罐、夹层碗、三足炉，胎体普遍较为厚重。盛行双面工的装饰技法，碗、盘类器物的内腹部为粗刻划与篦划纹的组合纹饰，外腹多为折扇纹。折扇纹明显较北宋晚期更为粗疏，且略呈弧形；内腹的刻划花亦逐渐简化。釉色没有北宋晚期产品那样青绿，除部分为较浅的翠青釉色

1. 侈口碗

2. 斗笠碗

3. 斗笠碗（外底泥饼）

图三　南宋早期金村器物

外，亦有相当比例的青中略泛灰色釉与青黄色釉。外底不施釉。装烧方式基本为一匣一器，使用泥质小圆饼垫烧，匣钵以 M 形为主。

与北宋晚期相比，这一时期的产品有两个大的变化：一是装饰纹样逐渐简化，碗、盘类器物由北宋晚期内腹满饰，以篦划或篦点纹作为地纹和茎络纹衬托主体粗刻划纹的饱满华丽的图案，逐渐转变为仅以粗线条刻划简洁的图案，题材亦逐渐固定为莲荷纹；二是釉色由以翠青为主逐渐变得青黄、青绿、青灰等多种釉色并存。

4. 南宋中期的透明青釉与乳浊釉

南宋中期产品以碗、盘类占绝大多数。胎体厚重，底极厚，圈足矮宽。

这一时期的产品可划分成两种类型：透明薄釉和乳浊釉。（图四）

透明薄釉沿袭了北宋以来的施釉传统，釉色以青黄或青灰色为主，釉层较薄而玻璃质感强。外底不施釉。装饰上，北宋晚期后段开始、南宋早期不断简化装饰的做法

1. 透明釉莲花纹碗

2. 透明釉云气纹盘

3. 透明釉出筋碗

4. 乳浊釉碗（外底泥饼）

图四　南宋中期金村器物

在这一时期继续，双面工技法基本不见，主要是内腹刻划莲荷纹。莲荷纹图案简洁，技法流畅，仅刻划轮廓线，图案内不再填以篦划纹，也不再以篦划纹为地。简单的云气纹、花口出筋及"河滨遗范"等印章铭纹也有较多出现。

有极少量的近粉青色乳浊釉产品，器形仍旧以碗、盘类为主，釉层较薄，但外底仍旧不施釉，整体仍旧较为粗厚，外腹多施以粗凸莲瓣纹。

两类器物均以泥质垫饼一匣一器垫烧。

5. 南宋晚期乳浊釉青瓷

南宋晚期产品以乳浊釉占绝大多数，但透明釉仍旧有少量的存在。器物从风格上可分成两类，一类较为粗放，一类较为精细。（图五）

粗放类产品从南宋中期碗延续下来，胎体厚重，底厚而足宽，外底不施釉而以泥饼垫烧，但内腹刻划花装饰基本消

2. 小洗

1. 碗（底露胎）

3. 小洗（垫烧泥饼）

图五　南宋晚期金村器物（精细类器物）

失，代之以外腹的粗凸莲瓣纹，釉色粉青或青黄色。粉青色釉一般釉层较厚，呈失透的乳浊状，而青黄色釉则多为早期常见的透明状玻璃釉。器物施釉不及底，仍以泥质小圆饼垫烧，使用 M 形匣钵一匣一器装烧。

精细类产品主要有宽沿小盘、折腹小洗、莲瓣纹碗、莲瓣纹盘等，胎质更细、胎体薄，器形多较小而精巧，圈足细薄。素面为主，少量器物外腹有凸莲瓣纹，莲瓣比粗放类器物修长。釉色多呈粉青色，釉层厚，乳浊感强，质量极高，是龙泉窑的精品，但精致程度仍不及同一时期的大窑产品。施满釉，足端刮釉，使用较大的瓷质垫饼垫烧。垫饼可分成两种类型，一种呈圆饼形，中心略内凹；另外一种除中心内凹外，底部呈短圆柱状外凸。

通过以上对金村地区龙泉窑发展脉络的梳理，我们发现以刻划花装饰，尤其是以双面刻划花装饰的翠青釉器物（主要是碗、盘类器物），主要流行于北宋晚期至南宋初期，南宋早期偏晚期阶段纹饰逐渐简化，并且由透明薄釉过渡为乳浊釉。此类产品的生产中心为金村地区。

二　两宋之际双面刻划花工艺制品在龙泉地区流布

北宋晚期至南宋早期，作为龙泉窑翠青釉产品生产中心地区的金村，窑址数量多、规模大，产品种类丰富、质量高超，同时产品类型开始向外辐射，大的应该分成南北两支。北支最先传播到大窑地区，然后向北过石隆、溪口，到龙泉东区。经龙泉东区又分成西东两支：西支过缙云到达婺州窑地区，东支沿瓯江而下到达台州与温州地区。南边一大支沿竹口溪南下，到达福建地区。其中松溪一带的闽北地区此类产品的时代较早，越往南去时代越晚，再往南在同安一带被称为珠光青瓷。福建地区的此类产品由栗建安先生进行梳理与研究，本文则主要对浙江境内北支的流布进行初步的梳理。（图六）

从目前的考古材料来看，大窑地区应该是龙泉境内除金村外最早生产翠青釉产品的，窑址主要集中在岙底地区，在垟岙头的三里也有一定的分布。岙底，当地俗称官场，是龙泉窑生产最核心的地区，从地形上看，这里是大窑地区最为开阔的，因此最早在此处设窑也是合理的。整个岙底四周均有北宋晚期的窑址存在，包括荒田、大湾、亭后、瓦窑坑、枫洞岩、山头埠、杉树连山等。产品特征与金村最为接近，可以划分成前后两个大的时期。前期特征主要是刻划团状的缠枝菊花纹，外腹的折扇纹较宽而排列规则（图七）；后期则主要是篦点纹与篦划纹共同组成缠枝花卉，甚至更加简化成寥寥数笔，外腹折扇纹多为简单直条纹，且粗细、长短不一，排列杂乱（图八）。装烧工艺以一匣一器的匣钵单件装烧为主，器物外底不施釉，以泥质小圆饼垫烧。匣

图六　浙江两宋之际青瓷窑业分布

钵以 M 形占绝大多数，另有少量平底匣钵。

　　石隆与金村、大窑处于同一山岙中，大窑在中间，东西两头分别是金村与石隆，这一山岙也是北宋金村窑业向北传播的重要通道。从调查材料来看，在石隆地区没有发现北宋晚期前段刻划较规则缠枝菊花的产品，多数产品仅在内腹刻划粗率的数笔，外腹的直条纹较为杂乱（图九）。装烧方法为匣钵装烧，以陶质垫饼垫烧。时代当为北宋晚期后段。

　　溪口窑址群处于瓯江的西岸，窑址的时代主要是南宋与元代，北宋时期的产品暂时没有发现。这是龙泉地区唯一没有发现北宋时期窑址的大型窑址群。

　　龙泉东区的窑址规模非常庞大，时代上以元明时期为主，两宋时期的窑址数量比较少。其中北宋时期的窑址主要集中在大白岸的山头窑地区。器形以碗、盘为主，有少量的执壶与碟类器物。由于这里经过较大规模的发掘，因此产品的面貌相对比较清晰，主要是《龙泉东区窑址发掘报告》中所分的第一阶段器物。其基本特征如下：

　　器物的装饰手法以刻划占主导地位，个别纹饰辅之以锥刺技法。图案浑圆，布局

1. 碗

2. 盖

3. 盘

图七　大窑北宋晚期前段器物

对称，在同一平面上有主纹与地纹之分。装饰题材以折扇纹、团花纹、篦纹为主，并有少量的荷花、荷叶、缠枝菊花、牡丹花、荷花、荷叶、三叶纹、蕉叶纹、锥刺纹、弦纹及个别的莲花、莲瓣、鸭与水波纹等。碗类器物的外壁常见有折扇纹，线条细窄，凹痕较为均匀，通常以四或五条平行线为一组。团花三或两朵不等，花的轮廓线用单线或双线勾划，其上点缀疏朗而简洁的篦纹。三叶纹线条流畅、高低错落有致，缠枝菊花往往用繁密的、呈 Z 形趋向的锥刺纹衬托。器物的釉色普遍青中显绿，少数泛黄，釉层较薄，胎色灰白，质地不够致密[1]。

　　从装饰特征上来看，龙泉东区出土的器物应该属于北宋晚期后段，而不见北宋晚期前段的。（图一〇）

　　龙泉地区北宋晚期的翠青釉类产品以金村为最，其次是大窑，这两个地区的产品

[1] 浙江省文物考古研究所：《龙泉东区窑址发掘报告》，文物出版社，2005 年。

1. 碗

2. 碗　　　　　　　　　　　　　　　　　3. 碗

4. 碗　　　　　　　　　　　　　　　　　5. 碟

图八　大窑北宋晚期后段器物

1. 碟   2. 碗

图九　石隆北宋晚期器物

1. 碗

2. 碗

图一〇　龙泉东区北宋晚期器物

49

时代可以早至北宋晚期的前段，窑址数量多、规模大，产品种类丰富，质量亦较高，是当时窑业生产的中心区域。尤其是一批质量最高的青瓷，从目前的考古材料来看仅限于这一地区生产，很可能是《鸡肋编》记载的禁庭"制样须索"的器物。此外，石隆与龙泉东区亦有一定数量的青瓷生产，但时代较金村与大窑地区为晚，主要是北宋晚期后段，产品种类、器形、装饰纹样等的丰富程度和胎釉质量均无法与前者相比，明显具有核心区外围窑场的生产性质。龙泉地区的此类器物一般使用 M 形匣钵单件装烧，外底不施釉而垫以粗质垫饼。

三 北宋晚期龙泉窑系产品在浙江流布

从目前的考古材料来看，北宋晚期龙泉窑烧造工艺沿瓯江而下，在今丽水市区分成西东两支，西支沿着瓯江的支流好溪北上，然后再往西进入钱塘江流域的金华地区，扩展进入婺州窑的分布区，包括金华市区、东阳、武义和衢州的江山等地[1]；东支继续沿瓯江而下，过青田到达温州市区，再分成南北两支，北支到达台州的黄岩地区，而南支则在温州南部泰顺等地有分布。

1. 西支

两宋之际，婺州窑地区主要生产双面刻划风格器物的有金华的铁店、武义的水碓周、江山的碗窑等窑址，其中武义水碓周与江山碗窑均经过正式发掘。

金华铁店窑址以南宋至元代的乳浊釉产品而闻名，但该区域的窑业可以上溯至北宋晚期，其中村北的窑址主要生产双面刻划花类产品，质量较高。铁店周边尚有原古方乡的窑岗山、大垱、瓦叶山、窑瓶湾、东屏村与汤溪镇的厚大庄等窑址，可以统称为古方窑址群。古方窑址群的产品以碗、盘类为主，大致可以划分成粗精两大类，其中铁店窑址产品可以划归精制一类。粗制类的产品造型比较单一，缺少变化，胎质较粗，釉色青灰或青黄，外底不施釉；精致类的产品造型较为丰富，器壁有曲线美化和花口形式，圈足有深大和轻巧的变化，胎质明显较细白而致密，釉色青翠，内外满釉。器物花纹比较简单，均是刻划，其中较精致类器物的花纹明显更为复杂。内壁花纹主要是简笔刻划花、篦点划花，也偶见叶瓣形划花，内底花纹主要有四分图案。外壁主要是直条纹。窑具主要有支烧具与匣钵，支烧具多为喇叭形筒状，匣钵则为 M 形。（图一一）

武义水碓周窑址群中经过发掘的缸窑口、蜈蚣形山窑址均有北宋时期双面刻划花产品发现，尤其以缸窑口窑址规模较大。器形主要以碗、盘为主，装饰题材简单而单

[1] 贡昌：《五代北宋婺州窑的探讨》，《景德镇陶瓷》1984 年第 2 辑，总第 26 期。

碗残片

图一一　金华铁店窑北宋晚期器物

调，少变化。装饰位置多在内壁，外壁刻竖线。内壁的装饰题材一般为粗线条或篦划纹刻划的简单花卉，且多四个对称布局，部分粗线条外见有细篦划纹为地纹的现象，但地纹较为疏朗。胎体较为厚重，胎质较粗，胎色较深。釉色青黄，釉层薄，釉质的莹润感较差而略显干涩。部分器物施釉不及底。装烧方式以匣钵多件装烧为主，匣钵内一般置3件碗加1件盘或4件盏装烧。垫具只有垫饼，两器间仅用沙土间隔[1]。（图一二、一三）

　　江山碗窑北宋晚期至南宋早期的器物称为青绿釉类型。器形主要是两种类型的碗。盛行内外壁双面刻划，外壁划几组斜线，内壁刻花。用漏斗状匣钵（即凸底匣钵）单件装烧。发掘者认为碗窑的青绿釉器物与龙泉窑的特征较为接近，但从制作、装饰工艺，所用窑具形制，与其他制品类型的共存关系等方面综合考量，两者又存在着区别。以碗为例：器形方面，碗窑青绿釉碗器体较高者常见；龙泉青瓷碗不见器体瘦高者，折腹现象多见于直口碗。装饰方面，碗窑仅一期的直口碗有内外双面刻划装饰，外壁斜线都是划线，内壁刻花疏朗，篦点衬底者少见，内壁单面刻划者以篦线为主，手法潦草；龙泉青瓷的双面刻划普遍施于直口碗和撇口碗，外壁斜线以刻线居多，内壁刻花繁密，篦点或篦线衬底者常见，内壁单面刻划者多刻荷花，篦线依然只起衬底作用。胎釉方面，碗窑青绿釉碗胎质多不够细密，常见细小沙粒，胎体比较轻薄、松脆，修坯不甚平整，所谓跳刀痕比较多见，釉色一般偏灰或偏黄，釉层与胎体结合不够紧密，不见足尖裹釉者；龙泉青瓷碗普遍胎质精细致密，胎体尤其是底部明显比碗窑青绿釉碗厚重，一般胎釉结合牢固，足尖裹釉。装烧方面，碗窑青绿釉碗都用漏斗状匣钵单

---

[1]浙江省文物考古研究所：《武义陈大塘坑婺州窑》，文物出版社，2014年。

1. 碗

2. 碗

3. 碗

图一二　武义窑北宋晚期器物

1. 碗

2. 碗

3. 碗

图一三　武义窑北宋晚期器物

件装烧；龙泉窑青瓷一般都用凹面匣钵装烧，漏斗状匣钵仅偶有所见。碗窑二期青绿釉制品与淡青釉、黑釉制品共存；龙泉窑虽然有过"束口黑釉小碗"的报道，但似乎从未见过淡青釉制品[1]。发掘者认为这种差别与龙泉窑和同安窑的差别类似。[2]

发掘者的认识无疑是准确而到位的，这种差别实际上是核心产区与外围扩散区产品的差别，越是远离核心产区，其产品的质量越差，即质量与距离是成反比的。这与北宋早中期越窑扩散时的情况是类似的：北宋早中期，越窑的核心产区是慈溪的上林湖，次一级的产地是上虞的窑寺前与宁波的东钱湖、台州的梅浦与沙埠窑址群，次级区域的产品质量虽然不能与核心区相比，但胎釉的质量亦相当不错，而更次一级即婺州窑接近越窑的区域，其产品质量不仅不能与核心区相比，与次级区域相比亦逊一筹。

2. 东支

东支沿瓯江而下，过青田到沿海地区，北边有黄岩沙埠窑址群，南边则有温州泰顺玉塔窑址群。

青田的窑址位于万埠乡，器物主要有碗、盘、碟、罐、壶等，胎质略粗而疏松，釉色以青黄色为主，极少见翠青色釉，质感较金村产品为差。以碗、盘类器物的内腹和盖类的盖面等刻划花为基本特征，纹饰以粗刻划结合篦划纹为基本特征，总体上较为粗疏。少量碗类器物外腹有直条纹，纹饰较细密。外底不施釉，多使用泥质垫饼以M形匣钵装烧。（图一四）

黄岩的窑址群主要集中在沙埠地区，称为沙埠窑址群，由近10处窑址构成，规模庞大。该窑址群实际有生产粗精两种类型产品的窑址，其中以生产精制产品的窑址

碗盘与器盖

图一四　青田窑址出土器物

---

[1] 这里的淡青釉制品与龙泉北宋中期所谓的淡青釉不同，是青白瓷器。

[2] 浙江省文物考古研究所、江山市博物馆：《江山碗窑窑址发掘报告》，浙江省文物考古研究所编《浙江省文物考古研究所学刊》，长征出版社，1997年。

为主，包括竹家岭、凤凰山、金刚堂、下山头、窑坦、下余窑址等，生产粗制类产品的窑址则以大藤坤山与蓝田山窑址为代表。产品均以碗、盘类日用器物为主，其中精制类产品器形更加丰富，大型的盘类器物所占比例较高，胎质细腻坚致，釉色青绿，施釉均匀，釉面莹润而洁净，通体施釉。流行纹饰装饰，一般作双面刻划。纹饰题材丰富，有云龙、花鸟、花卉等。云龙纹图案结构严谨，形神兼备；花鸟类的双凤纹、莲池鸳鸯、蝶恋花等构图巧妙，疏密有致，富有动感；花卉类素材有山菊花、宝相花、玉兰、百合以及折枝荷花、桃花、秋叶、杜鹃花等，此外还有针点篦状纹、曲折纹、席纹等。窑具主要有匣钵与垫圈等，匣钵为 M 形，使用垫圈单件装烧。粗制类器物器形简单，主要是敞口的碗。胎质较粗，夹杂有一定数量的细沙。釉色青黄，多数器物外腹施釉不及底。纹饰较为简单，主要是粗率的内腹刻划纹。装烧基本为明火叠烧，使用较矮的喇叭形支烧具，不见匣钵与垫圈。（图一五、一六）

1. 粗制产品

2. 精制产品

图一五　黄岩沙埠窑址出土器物

精制产品

图一六 黄岩沙埠窑址出土器物

泰顺玉塔窑址群已接近福建边界，产品为日用器物，以碗为主。胎体一般较厚，且底部往往厚于口部，胎色主要是灰白和青灰色，胎质多细密坚致，部分较粗疏，夹杂有颗粒物并有较大的气孔。釉色不纯，有青黄、青灰以及青绿色的差别，少量较精致的器物釉色，呈翠青色，部分器物釉面粗糙，并有开裂与脱釉现象。外底不施釉，内底有涩圈，使用圆柱形支垫具明火叠烧。盛行花纹装饰，内壁多见用竹签类工具划成的纹饰，线条粗放，构图简洁，常见的有蓖状纹和由卷草、曲线组成的花纹，外壁则常见直条或成组斜直条刻纹，少数器物上有莲瓣纹出现。[1]

建德大白山窑址一带也发现了双面刻划花的青瓷产品，但质量略差。

3. 小结

综上所述，两宋之际在龙泉以外的浙江地区，双面刻划花工艺产品普遍可以划分成精粗两大类。

精制类产品的胎釉、装饰技法、纹饰题材、图案布局等特征与龙泉地区的制品较为接近，仅少量题材略有区别，装烧工艺上普遍使用 M 形匣钵单件烧造，亦与龙泉地区相似，但方法有所区别。龙泉地区产品均外底不施釉，以泥质垫饼垫烧，而黄岩地区产品则满釉垫圈垫烧，器物与垫圈以长泥条间隔。M 形匣钵与垫圈垫烧更早出现于越窑地区，其中 M 形匣钵在唐代即已广泛使用，而垫圈垫烧则流行于整个北宋时期，在南宋的低岭头类型窑址仍有使用，这种装烧方式应该是越窑的伟大发明及标志性的特征。龙泉窑在北宋中期前后开始持续的窑业生产，其窑业技术更多的来源于越窑地区，无论是窑具还是装烧方式均与越窑十分接近，大致在北宋中期后段开始转变为器

［1］浙江省考古所等：《浙江泰顺玉塔古窑址的调查与发掘》，《考古学集刊（第1集）》，中国社会科学出版社，1981年。

物外底不施釉，以泥质垫饼代替垫圈，逐渐与越窑拉开距离，在两宋之际几乎完全采用泥质垫饼的垫烧方式。

黄岩沙埠窑址群的垫圈工艺无疑也来源于越窑，是越窑工艺的一种延续。这一地区在唐及北宋时期即受越窑影响，生产的越窑系产品除去胎土因素，在器形、装饰、装烧等工艺特征上都与越窑十分接近，具有良好的越窑系青瓷生产基础。北宋晚期，越窑中心窑场衰落，其辐射能力大为减弱，同一时期龙泉窑则强势崛起并向外扩张，进入生产越窑系产品的台州地区。因此这一地区出现了具有混合因素的产品，即器形、胎釉特征、装饰方法等与龙泉窑更为接近，而装烧方式上仍旧使用越窑的技术。这是文化边缘地带特有的现象。

粗制类产品不再使用垫圈，部分窑场甚至亦放弃使用匣钵，器形简单、胎釉质量差、装饰粗率，外底不施釉而直接明火叠烧。这种差别更可能是时代不同所造成的，即粗制类产品是精制类产品的延续。因此粗制类产品的下限可能会比较晚，而不限于南宋早期。

从北宋晚期到南宋早期以双面刻划花为特征的青瓷产品的流布上来看（浙江与福建两省的流布），这类产品的生产中心应该在龙泉地区，出现时间早、规模大、产品种类丰富、质量高超、工艺成熟。该类产品在浙江地区的分布主要集中在浙西与浙南地区，与晚期龙泉窑的分布区域基本重叠。因此我们认为这路产品应该是在龙泉地区创烧后向浙江其他地区辐射出去的。[1]

四　两宋之际越窑的刻划花工艺

北宋中晚期，越窑的胎釉质量和装饰技法均有一个明显的衰落过程。其装饰极为复杂，在技法上除沿用北宋早期大量流行的细线划花外，出现大量的刻花、堆塑、镂孔以及少量的印花等技法，以刻花技法及其纹饰最为流行。（图一七）

细划花的纹饰题材主要是花卉，海涛纹的数量亦不在少数，此外还有少量的禽鸟纹等。总体上看，这一时期的细划花技法呈衰落的趋势，线条细而不流畅。花卉纹饰布局上除沿用团花与缠枝外，出现大量简化的纹饰。不仅造型简单，而且技法粗率，但使用的范围仍然很广，几乎涉及所有器物种类。海涛纹在器物的内腹常与摩羯等纹饰组合出现。禽鸟纹极少，可见的主要有鹦鹉等少量几种，鹦鹉极其简化，形态呆滞。蝴蝶纹饰这一时期仍旧存在，数量不多且多作侧视状。

---

[1] 目前北宋晚期龙泉窑的装饰纹样、技法以及釉的呈色等来源仍旧不清楚，从这一时期全国窑业面貌来看，最大的可能是来源于耀州，中间的环节则需要更多的材料来搭建。如果从这一点考虑，黄岩沙埠窑址处于两者之间，不排除其承担桥梁作用的可能性，但仍需要进一步发掘以确认。

1. 北宋中期越窑熏炉（外腹粗刻花）

3. 北宋晚期越窑盘（内腹粗刻花）

4. 北宋晚期越窑盘（内腹粗刻花）

2. 北宋中期越窑执壶（外腹粗刻花）

5. 北宋末期至南宋早期越窑碗（内腹粗刻划花）

图一七　北宋中期至南宋早期越窑器物

刻花大量流行，题材主要是各种花卉纹饰，其次是摩羯与海涛纹，少量的禽鸟、人物等纹饰，基本与细划花近似。刻花一般作单侧斜坡状的阴线刻划外轮廓线，整体纹饰清晰，线条明快。前段粗刻划线的轮廓内常填以细的茎络状纹理，后段则明显更加草率，不仅花瓣片纹轮廓不清，内部的细填线纹亦不再使用。花卉纹有牡丹、莲瓣、蕉叶以及缠枝花卉等。牡丹作盛开的造型，构图多类似于团花状，花瓣左右对称，近圆形多个布局。莲瓣纹早期凸起的半浮雕状做法基本消失，代之以线刻划的纹饰，造型较前期更加瘦长，外腹带莲瓣纹的碗内腹仍有由多个重圈纹构成的莲蓬状纹饰，但也出现内腹为莲蓬而外腹不见莲瓣纹的做法。蕉叶纹与莲瓣纹一致，造型拉长，出现中心呈茎状凸起的做法。禽鸟纹有孔雀、鹦鹉、雁、仙鹤等，一般作花间飞翔状，鸟的比例不甚协调，鹦鹉的头甚至大于身子，有头重脚轻之感，而孔雀亦相貌丑陋，很少见祥和、端庄的形象。

另见少量的印花装饰，为凸起的阳纹，多见于粉盒盖面、执壶耳面上。粉盒盖面上的纹饰内容与刻划花基本一致。执壶耳面上的纹饰有花卉、兽首等，且常带有可能为姓氏的文字。

南宋早期或两宋之际，越窑所谓的低岭头类型青瓷产品在面貌上非常复杂，与传统越窑相比发生了巨大的变化，从釉色上可以分成两种：传统的青釉与新出现的乳浊釉。

传统的青釉产品又可分成两类。

一类以青灰色为基本色调，或青灰，或豆青，或青黄，多数器物釉色较差，质感不强，滋润感不佳，少量产品釉层薄而透明，较为滋润。器物以日用的碗、盘、盏、碟、盏托、壶、盒、盆、五管灯、韩瓶等为主。装饰以刻花为主，亦结合划花及少量的印花。装饰题材以花卉为主，另有少量的动物纹饰，有荷花纹、莲瓣纹、牡丹纹、菊花纹、摩羯纹等，风格较为粗放简洁。装烧上分为以 M 形匣钵单件装烧与明火多件叠烧两种。此类器物无论从器形、胎釉、装饰还是装烧上看，均与北宋晚期以来的越窑一脉相承。

另一类器物除日用的碗、盘、碟、盏、盒、瓶等以外，还有一批不见于传统越窑的陈设瓷与祭祀用瓷，包括套瓶、梅瓶、玉壶春瓶、炉、觚、钟等。虽然釉色仍以青灰色为基本格调，但釉的莹润度明显更佳，釉面更加均润洁净。装饰技法仍以刻划为主，兼以细划花，也有少量的贴塑，但装饰题材、布局发生很大的改变，主要是出现各种粗刻花的卷草纹，不仅满布于盘类器物的内腹，还通体装饰于碗等器物的外腹，而云雷纹等则完全不见于传统的越窑装饰题材中。陈设与祭祀用瓷除胎釉特征与传统越窑较为接近外，其造型、装饰均属于全新的类型，可能与北方的汝窑、定窑及耀州窑有较为密切的联系。有学者将其称为北方风格的青瓷制品。[1]

［1］谢纯龙：《低岭头类型瓷器研究》，《越窑青瓷与邢窑白瓷研究》，故宫出版社，2013 年。

乳浊釉产品主要有碗、盘、盏、洗、花盆、尊、罐、瓶、炉、鸟食罐、器座等。胎以青灰色为主，但亦出现深灰色。釉色主要有天青、粉青、灰白等，呈浮浊失透状。釉层普遍较厚，除单层釉外，亦出现多层施釉现象。装饰基本为素面，少量的器物如鬲式炉的足部呈出筋状，三足奁式炉的足近似于勾云状。[1]

五　国内北宋晚期主要窑口的特征

北宋晚期，越窑逐渐走向衰落，产品种类单一，胎釉质量差，几可用"质粗色恶"来形容，接近于停烧。龙泉窑在经历了对越窑全面的模仿而迎来初步发展后，如再亦步亦趋，其命运是可想而知的。因此在北宋晚期，龙泉窑面临着产品转型与寻找新出路的问题。这其中有闭门造车式的创新，但更可能是在与国内其他著名窑场的交流、学习中寻求突破。而这一时期国内比较著名且影响较大的窑场有耀州窑、湖田窑和定窑等。

耀州窑自唐代创烧于黄堡镇，五代成熟创新，宋代鼎盛繁荣，金代延续发展，金末蒙元日渐衰落，明中期停烧。唐代耀州窑先烧黑、白、茶叶末釉和唐三彩、低温单彩等，后又烧黄褐釉瓷和青瓷。五代以青瓷为主，水平迅速提高。宋、金耀州窑繁盛时期的青瓷因刻花和印花工艺的大量使用而独具特色，装饰纹样达上百种，其中植物纹样以牡丹、菊、莲为主，动物纹样以鱼、鸭、鹅为主，人物纹样则以体胖态憨的婴戏为最多。[2]（图一八）

湖田窑创烧于五代，发展于北宋早期，兴盛于北宋晚期至南宋早期。北宋中晚期到南宋早期的青白瓷胎质精细，胎壁薄腻，体薄透光，釉色莹润亮丽，

1. 盖

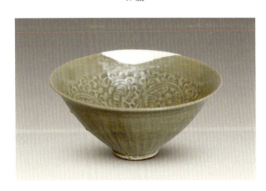

2. 碗

图一八　耀州窑器物

［1］浙江省文物考古研究所等：《寺龙口越窑址》，文物出版社，2002 年。
［2］禚振西：《中国耀州窑·前言》，北京艺术博物馆编《中国耀州窑》，中国华侨出版社，2014 年。

釉质如玉，釉面晶莹碧透，造型秀美精巧。装饰以刻花、划花为主，印花装饰渐趋流行，纹饰仍以莲荷、牡丹、菊花等为主，手法简练，技巧娴熟。装烧方法以仰烧法为主，垫钵覆烧法所烧芒口瓷亦不鲜见，器物品种日渐丰富。[1] 从 11 世纪至 12 世纪前期，碗、盘流行刻划花，纹饰多牡丹、卷草、莲荷、潮水、婴戏等；12 世纪后半期至 13 世纪，大量使用印花装饰，纹饰以飞凤、莲池游鱼为多。湖田窑的刻划花工艺受越窑影响较大，但比越窑花纹更流畅，印花工艺则模仿定窑，却不如定窑花纹清晰。[2]

定窑创烧于唐代中期，初创期产品较粗，包括黄釉、青釉及少量的白釉瓷器，晚唐五代迎来一个较大的发展时期，北宋中晚期逐渐成熟并形成自己的风格，宋金之际为鼎盛时期，金代中期以后逐渐衰落，元代虽然保持了一定的规模，但质量迅速下降。定窑白瓷在北宋晚期至金代早期的鼎盛时期形成了独具特色、高度成熟的装饰艺术风格，大量使用刻划花与印花，图案繁缛、布局严谨、题材丰富，纹饰包括花卉、鱼戏、婴戏人物等。

以上三个窑口具有一定的共性：第一，兴盛的时间均集中在北宋晚期至南宋早期的两宋之际或宋金之际。这一时期是浙江窑业发展的一个相对空白期，越窑从北宋中期以后持续衰落，到北宋晚期已几无可取之处，南宋初年朝廷的南迁及产品需求仅给其带来了回光返照式的最后荣光，而龙泉窑在仿越窑的基础上创烧，此时也正逐渐走向与越窑相似的衰亡之路，创新与突破是其强烈需求。第二，这三个窑口均流行大量的纹饰装饰，在布局上几乎布满整个器物，甚至内外腹均有。技法上先以刻花为主，后流行印花或印花与刻花并行，并辅以篦划纹、篦点纹等作为地纹。装饰题材则有包括菊花在内的各种花卉、鱼戏、禽鸟、婴戏等。这些要素在北宋晚期的龙泉窑产品上均得到了体现。北宋中期越窑风格的龙泉窑流行刻花与划花结合的技法，构图以对称的屏风式为主，题材则以牡丹为母题，北宋晚期则从对称布局的牡丹纹变成满布器物内外腹的缠枝菊花，粗线条刻划轮廓，篦划纹为地纹，碗、盘类大口器物外腹则流行使用折扇纹，这类题材至少在耀州窑中亦极为常见。第三，这些窑口均规模庞大、产量极高、影响很广，并且有深入到龙泉地区的充分证据。我们在作为龙泉窑生产核心的大窑地区采集到了定窑、湖田窑的标本，甚至在一个窑址上采集到多个窑址的标本，至于耀州窑标本，由于其与龙泉窑的相似性更高，我们尚未完全辨别出来。标本时代主要集中在北宋晚期，质量普遍较高。这一时期龙泉窑规模已比较大，这些高质量器物作为窑工个人用品的可能性很低，很可能是作为窑业交流的样品而输入的。

通过对比，我们发现北宋晚期的龙泉窑与耀州窑、湖田窑、定窑在器形、装饰技法、装饰风格、装饰题材等方面有着许多相似性。虽然不能完全确定它们交流的途径以及

---

[1] 陈雨前：《宋代景德镇青白瓷的历史分期及其特征》，《中国陶瓷》2007 年第 6 期。
[2] 李一平：《宋代的湖田窑》，《南方文物》2003 年第 1 期。

相互关系，但可以肯定的是，龙泉窑与这些窑口有着大量的交集，并且在技法与风格上吸收了部分元素，从而扭转了与晚期越窑相似的命运，一个因南北窑业技术的激荡而成就的青瓷业集大成者就此喷薄而出。

六　北宋晚期龙泉窑产品渊源

决定一个窑场性质的主要有器物组合与器形、胎釉特征、装饰技法与内容以及制作与装烧工艺等，下面从这几个方面来探讨北宋晚期龙泉窑产品的渊源问题。

1. 器物组合与器形

北宋晚期的龙泉窑产品以碗、盘、碟类器物为主，亦有执壶、五管灯、夹层碗、盒、罐、盘口壶、五管瓶、熏炉等。与北宋中期前后相比，多数器物均沿袭淡青釉产品而来，包括侈口碗、斗笠碗、五管灯、五管瓶、执壶、盘口瓶、罐、盒等，总体上以继承为主。

但是亦出现一些新的变化，如北宋中期前后的盘器形多较小，而北宋晚期大型的盘增加，大小不一，成为主流器物之一；北宋中期前后的碟多为卧足或小圈足，腹部较弧，到北宋晚期则基本不见，而北宋晚期的折腹小平厚底碟则不见于北宋中期前后；熏炉的造型更加丰富多样；夹层碗在北宋晚期所占比例增加，成为主要器形之一。

除器物种类上的传承与变化外，造型的整体风格亦发生了较大的变化：器物大型化且更加厚重，尤其是底部明显加厚，部分碗类器物的圈足变高，但足壁仍旧较直；无论是碗还是盘，侈口的比例有所增加，甚至斗笠碗亦见有相当比例的侈口造型，碗、盘类的花口造型较为少见；执壶造型发生了明显的变化，从瘦高演变成较为矮胖，但出筋的屏风式布局风格仍旧保留。

北宋中期前后的龙泉窑淡青釉产品，其器物组合、器形、装饰与装烧等特征均与越窑具有高度的一致性。北宋晚期，龙泉窑逐渐挣脱越窑的束缚，走向吸收与创新并存的发展之路，其中最明显的变化就是造型上一改越窑轻巧的风格而趋于厚重质朴，但其整体的器物组合更多的沿袭北宋中期前后龙泉窑淡青釉产品，因此器形上仍旧是越窑的一种发展，或者说仍有较多越窑的影子。

2. 胎釉特征

北宋晚期的龙泉窑产品可以称为翠青釉，多数器物特别是高质量的器物胎色青灰、胎质略粗而有小的气孔，釉色青绿，施釉均匀，釉面均匀而莹润，玻璃质感强，除外底外基本上通体施釉。这种翠青釉既不同于北宋中期前后本地区产品的淡青釉，也不同于北宋晚期的越窑釉。北宋晚期的越窑总体上处于衰落状态，釉色青黄或青灰，多数器物釉面干枯而缺乏润泽度，釉层更薄，许多器物施釉不及底，与同时期的龙泉窑相差极大，翠青釉色的出现应该与越窑关系不大。从当时国内的情况来看，定窑以白瓷为主，湖田窑基本为青白色釉，均可排除在外，而这一时期最有影响的窑址还有耀州窑。北宋晚期耀州窑开始走向鼎盛，其釉色较为苍翠，龙泉窑与其在胎釉特征上存在着许多相似性。

3. 装饰技法与内容

北宋晚期的龙泉窑装饰极为发达，流行粗刻划花技法，以粗线刻划轮廓，内填以极细篦划的茎络纹，轮廓之外再以细篦划纹为地纹，整体上纹饰深而清晰、层次多、布局严谨。碗、盘类大口器物再结合以外腹的折扇纹，称为双面工技法。纹饰主要是缠枝花卉，其中尤以多朵等距布局的缠枝菊瓣纹最具代表性。

越窑的装饰在五代北宋时期有一个很清晰的演变过程：五代时期以素面为主要特征—北宋早期流行细划花—北宋中晚期除细划花外亦流行粗刻划花技法。因此粗刻划技法在北宋中期的越窑即已大量出现，广泛见于碗、盘类大口器物的内腹与底，罐、钵、执壶、盂、熏等深腹或小底类器物的外腹。北宋中期刻划比较精致细腻，以粗线条刻划轮廓，轮廓线内填以细的茎络纹样，这些茎络并非以篦状工具刻划，而是单条细划组成。到了北宋晚期，粗刻划纹逐渐简化成仅有外轮廓而不见茎络等填充纹样。纹饰内容主要为牡丹纹，以开花式布局为主，等距或对称布局于深腹或小口类器物的外腹，盘类大口浅腹器物则以缠枝花卉为主。

北宋晚期的龙泉窑与越窑，无论在装饰技法还是装饰的题材与布局上，差异都是显而易见的，但也存在着一定的联系。

在装饰的刻划技法上，两者存在一定的相似性，均用斜坡状的斜刀法刻划轮廓线，线条较宽而斜浅，风格上略显粗犷。

在装饰的手法上，越窑仅以粗线条刻划轮廓，显得较为平板；龙泉窑则以细线表现细节，以篦划纹为地纹，层次分明，立体感强。

在装饰的内容上，越窑以牡丹等缠枝花卉为主；龙泉窑则常见菊花以及莲荷等，碗、盘类器物外腹的折扇纹基本不见于越窑器物上。

在装饰的布局上，越窑的开光式布局基本不见于龙泉窑，而龙泉窑的多朵缠枝菊花等距布局的做法在越窑亦基本不见，内腹为缠枝花卉、外腹为折扇纹的所谓双面工布局亦仅见于龙泉窑。

综上所述，北宋晚期的龙泉窑与越窑应该不属于同一文化系统，北宋晚期的龙泉窑在装饰上应该是更多地接受了越窑之外的窑业文化的影响。

龙泉窑斜刀的装饰技法以及装饰内容、装饰布局等在耀州窑中可以找到许多相似性，如碗、盘类器物外腹流行的折扇纹，内腹多朵等距布局缠枝菊瓣纹等。

因此，虽然整体上造型向更加粗厚发展，但北宋晚期的龙泉窑在器物组合上及器形上主要沿袭北宋中期的本地器物群，更多的是越窑影响的持续；在胎釉特征及装饰上，与同一时期的耀州窑最为接近，两者应该有许多交集。虽然，目前两者的交流路径仍旧不是十分清晰，但从耀州窑北宋时期的延续性与龙泉窑北宋时期的断裂性来看，耀州窑影响龙泉窑的可能性比较大。也就是说，北宋晚期的龙泉窑在沿袭早期传统的同时，可能接受了主要来自耀州窑的影响，从而在面貌上发生了巨大的变化。

七　结束语

北宋晚期到南宋早期的龙泉窑产品与北宋中期的存在着巨大的差别：胎体日趋厚重，釉色青翠，以双面刻划花为特征，装烧上基本为外底不施釉、以陶质垫饼在 M 形匣钵中单件装烧为主。这类产品在浙江与福建两省均有分布，但龙泉地区出现时间早、规模大、产品种类丰富、质量高超、工艺成熟，应该是生产中心所在。而从此类产品在浙江地区的分布来看，也主要集中在浙西与浙南地区，与晚期龙泉窑的分布区域基本重叠，因此我们认为这路产品应该是在龙泉地区创烧后向浙江其他地区辐射出去的。其器物群与装烧工艺主要沿袭本地传统，而装饰技法、装饰内容以及釉色与省外的耀州窑有许多相似之处，可能受耀州窑比较大的影响。因此北宋晚期的龙泉窑应该是在本地烧造传统的基础上，主要吸收了耀州窑风格而形成的一种新产品类型。

北宋龙泉窑瓷器的发现与研究[1]

——以墓葬和遗址为中心

谢西营

（浙江省文物考古研究所）

北宋是龙泉窑发展史上的重要时期，这一时期龙泉窑瓷器从无到有、从诞生到走向繁荣。北宋中晚期，勤劳智慧的窑工在龙泉金村（包括庆元上垟一带）成功地烧造出独具特色的淡青釉产品。北宋末期，龙泉窑的生产规模扩大，除龙泉金村、庆元上垟以外，龙泉大窑、石隆、东区等地也开始烧造青釉瓷器。而在窑址之外，目前考古工作者仅在墓葬和少数几个遗址中发现北宋龙泉窑瓷器。窑址出土的北宋龙泉窑瓷器为我们探讨这一时期产品的种类、胎釉、装饰技法、装烧技法等问题提供了宝贵资料，各地墓葬和遗址出土的北宋龙泉窑瓷器则为我们提供了产品运销、器物功用等方面的信息。下文我们以后者作为研究对象，对其中涉及的一系列问题进行分析讨论。

一　墓葬及遗址出土北宋龙泉窑瓷器概况

（一）窑址周边地区

1. 龙泉地区

（1）淡青釉产品

① 查田镇下圩村北宋墓出土淡青釉六管瓶[2]

失盖。瓶身圆唇，直口，短颈，肩腹部呈上下十级，于第二级之上置六个多棱形管，扁圆腹，圈足。第三、四、五级上依次饰覆莲瓣纹双层、仰莲瓣纹三层、圆形花瓣纹。灰胎，胎质较细。淡青釉。通体施釉，唯外底部露胎无釉。高 24.8 厘米。（图一）

---

[1]此项目为社科基金青年项目"9～15世纪斯瓦西里地区考古学文化研究"（项目批准号：16CKG016）成果之一。

[2]龙泉市博物馆内部资料（标本号000004）。

图一　龙泉查田下圩村宋墓出土淡青釉六管瓶

图二　龙泉茶丰公社墩头大队北宋墓出土
淡青釉五管瓶

② 茶丰公社墩头大队北宋墓出土淡青釉五管瓶、盘口瓶和执壶[1]

五管瓶　全器由瓶盖和瓶身两部分组成。瓶盖方唇，直口，花边形沿，盖面鼓，顶部中心置一花蕾形纽，周围贴塑四只小鸭。口沿处有凹弦纹双圈，盖面饰覆蕉叶纹一圈，内填以篦纹。瓶身方唇，直口，丰肩，肩部置五个多棱形管，扁圆腹，圈足外撇。肩部有凸弦纹一圈，下饰细线花卉纹，肩腹相交处贴塑花边一圈。上腹饰蕉叶纹四层，下腹以凸棱分为六个等大的区域，内刻划花卉纹。通体施釉，瓶盖口沿及瓶身外底足端处有支烧痕迹。（图二）

盘口瓶　全器由瓶盖和瓶身两部分组成。瓶盖方唇，直口，平沿微卷，盖面微鼓，顶部中心置一花蕾形纽。瓶身方唇，直口，盘口，长束颈，丰肩，肩对称置双系，扁圆腹，圈足微外撇。口沿处有凹弦纹三圈，肩部刻划花卉纹，上腹部贴塑花边两圈。灰胎，胎质较细。淡青釉。通体施釉。瓶身外底足端处有支烧痕迹。（图三）

执壶　圆唇，直口，盘口，长束颈，丰肩，肩部对称置长曲流、双泥条曲柄、双系，扁圆腹，圈足。肩腹相交处饰凹弦纹一圈，下以双凸棱将腹部分成为四个区域，内素面。灰胎，胎质较细。淡青釉。通体施釉，外底部露胎无釉。外底足端处有支烧痕迹。（图四）

［1］浙江龙泉县图书馆文物管理小组：《龙泉新出土的三件北宋早期青瓷器》，《文物》1979 年第 11 期。

图三 龙泉茶丰公社墩头大队北宋墓出土
淡青釉盘口瓶

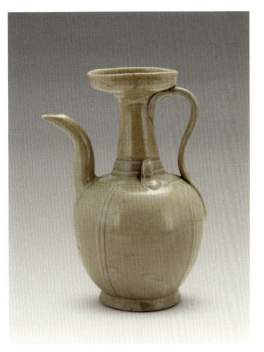

图四 龙泉茶丰公社墩头大队北宋墓出土
淡青釉执壶

③龙泉市出土淡青釉盘口瓶[1]

全器由瓶盖和瓶身两部分组成。瓶
盖方唇，直口，花边形口沿，盖面微鼓，
顶部中心置一花蕾形纽。以纽为中心饰
覆莲瓣纹。瓶身方唇，直口，束颈较长，
丰肩，肩部对称置双系，扁圆腹，圈足。
肩腹相交处粘贴花边一圈，下饰仰蕉叶
纹三层，内填以篦纹。灰胎。淡青釉。
通体施釉，瓶盖内部、瓶身口沿及外底
部露胎无釉。（图五）

④宏山乡山里村出土淡青釉五管
瓶[2]

全器由瓶盖和瓶身两部分组成。瓶
盖方唇，直口，盖面鼓，顶部中心置一

图五 龙泉市出土淡青釉盘口瓶

［1］张柏：《中国出土瓷器全集·浙江卷》，科学出版社，2008年，图版171。
［2］周光贵：《龙泉窑早期淡青釉瓷器的初步探讨》，《文物鉴定与鉴赏》2012年第3期。

图六　宏山乡山里村出土淡青釉五管瓶

花蕾状纽，花边形沿。以纽为中心饰凸雕花瓣纹。瓶身方唇，直口，短颈，扁圆腹，肩腹部呈上下六级，由上而下依次增大，于第二、三级相交处置五个多棱形管，圈足外撇。肩腹部由上而下五级饰宽篦划纹，下腹饰仰莲瓣纹双层。灰胎，胎质较细。淡青釉。通体施釉。瓶盖内部露胎无釉。瓶身外底部残留垫圈支烧痕迹。（图六）

（2）青釉产品

① 兰巨乡独山村北宋墓（庚戌年间）出土青釉五管瓶[1]

全器由瓶盖和瓶身两部分组成。瓶盖方唇，直口，平沿，顶部中心置一葫芦形纽。素面。瓶身方唇，直口，短束颈，肩腹部呈上下五级，于第二级上置五个圆管，扁圆腹，圈足。第一至四级上饰折扇纹，第五级上饰仰莲瓣纹双层，内填以篦纹。生烧，灰黄胎，胎质较粗。

黄釉，有剥釉现象。全器满施釉，瓶盖内部、瓶身口沿及外底部露胎无釉。瓶盖内有墨书"庚戌十二月十一日太原王记"字款。（图七）

② 塔石乡秋畈村北宋元丰元年墓出土青釉五管瓶和盘口瓶[2]

五管瓶　全器由瓶盖和瓶身两部分组成。瓶盖方唇，直口，平沿，盖面鼓，顶部中心置一葫芦形纽。以其为中心饰折扇纹。瓶身方唇，直口，短束颈，肩腹部呈上下五级，于第二级上置五个圆管，扁圆腹，圈足。第一至四级上饰折扇纹，第五级上饰仰莲瓣纹双层，内填以直条状篦纹。灰胎，胎质较细。青釉，较多开片。全器满施釉，瓶盖内部、瓶身口沿及外底部露胎无釉。（图八）

盘口瓶　失盖。瓶身方唇，直口，长束颈，丰肩，扁圆腹，圈足。颈部饰凹弦纹三圈。肩腹相交处饰凸弦纹一圈，下以凸棱将腹部分为六个等大的区域，内各饰一片花卉纹，填以篦纹。全器满施釉，瓶身口沿及外底部露胎无釉。（图九）

［1］浙江省博物馆：《浙江纪年瓷》，文物出版社，2000年，图版200。
［2］浙江省博物馆：《浙江纪年瓷》，文物出版社，2000年，图版201、202。

图八　龙泉市塔石乡秋畈村北宋元丰元年墓出土
青釉五管瓶

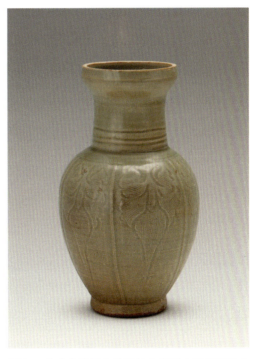

图七　龙泉市兰巨乡独山村北宋墓出土
"庚戌"款青釉五管瓶

图九　龙泉市塔石乡秋畈村北宋元丰元年墓出土
青釉盘口瓶

③林垟公社出土青釉五管瓶[1]

全器由瓶盖和瓶身两部分组成。瓶盖方唇，直口，平沿微卷，盖面鼓，顶部中心置一葫芦形纽。瓶身方唇，直口，短束，肩腹部呈上下五级，于第二级上置五个圆形管，扁圆腹，圈足。第一至四级上饰折扇纹，第五级上饰仰莲瓣纹双层，内填以直条状箆纹。灰胎，胎质较粗。青釉。全器满施釉，瓶盖内部、瓶身口沿及外底部露胎无釉。通高 27.9 厘米（图一○）

④龙泉市出土青釉盘口瓶[2]

全器由瓶盖和瓶身两部分组成。瓶盖方唇，直口，平沿微翘，盖面微鼓，顶部中心置一花蕾形纽。以纽为中心饰覆莲瓣纹，内填以直条状箆纹。瓶身方唇，直口，束颈较长，丰肩，扁圆腹，圈足。肩部饰凸弦纹双圈，下以凸棱将腹部分成若干个等大的区域，内各饰一片花卉纹，填以箆纹。灰胎。青釉，有开片。全器满施釉，瓶盖内部、瓶身口沿及外底部露胎无釉。（图一一）

图一○　龙泉林垟公社出土五管瓶　　　　图一一　龙泉市出土青釉盘口瓶

［1］龙泉市博物馆内部资料（标本号 000647）。

［2］张柏：《中国出土瓷器全集·浙江卷》，科学出版社，2008 年，图版 170。

⑤龙泉市查田镇出土青釉五管瓶[1]

失盖。瓶身方唇，直口，短束颈，肩腹部呈上下五级，于第二级上置五个多棱形管，扁圆腹，圈足。第二至五级上满饰折扇纹。灰胎。青灰釉。全器满施釉，瓶身口沿及外底部露胎无釉。（图一二）

2. 庆元地区

庆元县大洋村北宋墓出土有淡青釉盖罐、六管瓶、单耳瓶、敞口碗和小杯[2]。

盖罐　全器由罐盖和罐身两部分组成。子母口。器盖圆唇，直口，折沿，盖面置凸弦纹双圈，内圈盖顶部置一如意形纽。罐身方唇，直口，短束颈，溜肩，肩部对称置四系，圆鼓腹较长，圈足。腹部饰三层仰莲瓣纹，内填以篦划纹。灰白胎，胎质较细。淡青釉微泛黄，有细密开片。通体施釉。盖内缘、口沿有泥点痕，系盖、瓶合烧。口径6.8、足径5.9、通高13.5厘米。（图一三）

六管瓶　全器由瓶盖和瓶身两部分组成。子母口。瓶盖圆唇，直口，荷叶状宽沿，盖顶部中心置一花蕾状纽。盖面依次饰凸雕覆荷花纹、细划纹饰。瓶身方唇，盘口，直口，束颈较长，丰肩，圈足。肩部对称置牌饰，上饰花卉纹，两两对称，以下饰凸弦纹双圈，圈内置六个多棱形管，两两对称。瓜棱形深腹，以双凸棱将腹部分为四个等大的区域，内饰花卉纹，填以篦纹，以下置仰莲瓣

图一二　龙泉市查田镇出土青釉五管瓶

图一三　庆元县大洋村墓葬出土淡青釉盖罐

[1]张柏：《中国出土瓷器全集·浙江卷》，科学出版社，2008年，图版174。
[2]庆元廊桥博物馆内部资料（标本号0273、0263、0319、0344、0345）。

图一四　龙泉市查田镇出土青釉五管瓶

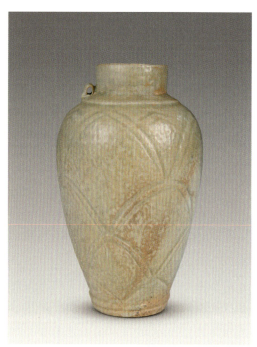

图一五　庆元县大洋村墓葬出土淡青釉单耳瓶

图一六　庆元县大洋村墓葬出土淡青釉敞口碗

图一七　庆元县大洋村墓葬出土淡青釉小杯

纹一圈。灰白色胎，胎质较细。淡青釉。通体施釉，唯盖内壁、瓶内壁及外底足端露胎无釉。口径 10、足径 10.2、通高 33.5 厘米。（图一四）

　　单耳瓶　方唇，直口，短束颈，圆丰肩，肩部置一宽系，扁圆形深腹，圈足。肩腹部相交处饰一凸弦纹，腹部饰仰莲瓣纹四层，填以篦纹。灰胎，胎质较细。淡青釉泛黄。通体施釉，唯外底足端露胎无釉。口径 3.7、足径 4、高 13 厘米。（图一五）

　　敞口碗　圆唇，敞口，口沿处有修复，斜曲腹，圈足较高。外腹口沿下有弦纹一圈，下满饰折扇纹；内腹口沿下有弦纹双圈，下满饰折枝花卉纹，填以篦纹；内心有弦纹一圈，内饰六片草叶纹，填以篦纹。灰白胎，胎质较细。淡青釉，有开片。通体施釉，外底部有垫圈支烧痕迹。口径15.5、足径7、高7.4厘米。（图一六）

小杯　圆唇，直口，直腹微鼓，圈足。外腹口沿下有凸弦纹双圈，下饰仰莲瓣纹，内填以篦纹，圈足外壁饰凹弦纹一圈。灰胎，胎质较粗。淡青釉，有开片。通体施釉，外底部有垫圈支烧痕迹。口径7.1、足径5.5、高6.2厘米。（图一七）

（二）其他地区

1. 江西省

南丰县北宋嘉祐三年（1058年）大圣舍利宝岩塔地宫出土淡青釉兽蹄炉[1]

薄唇，坦沿，束颈，深圆鼓腹，下承五兽蹄形矮足。足底为托珠垫烧而成，沾砂点隐约可见。白胎，胎质细腻，胎壁厚重。淡绿色釉，釉层肥润晶莹。腹壁底部中心露胎处有直写墨迹楷书"东京买"。通高11、口径缘直径10.8、内廓缘径6.5、鼓圆腹深6、足径高4.7厘米。

2. 浙江省

（1）松阳县北宋墓出土青釉碗、盘、执壶和炉等[2]

碗　2件，器形与纹样装饰一致，其中一件残。圆唇，敞口，斜曲腹，圈足。外腹口沿下有弦纹一圈，下饰折扇纹；内腹饰团状花卉纹饰，填以篦纹；内心有弦纹一圈，内饰花卉纹。灰胎。青釉，有开片。全器满施釉，唯外底部露胎无釉。（图一八、一九）

图一八　松阳县北宋墓出土青釉碗　　　　图一九　松阳县北宋墓出土青釉碗

［1］花兴如：《南丰"大圣舍利宝岩塔"地宫龙泉青瓷兽蹄炉考》，《南方文物》1991年第4期。

［2］伴出漆器上有"辛未""癸酉""丁巳"纪年，伴出白瓷器上有"辛未"纪年。参见宋子军、刘鼎：《浙江松阳宋墓出土瓷器》，《文物》2015年第7期。

图二〇　松阳县北宋墓出土青釉盘

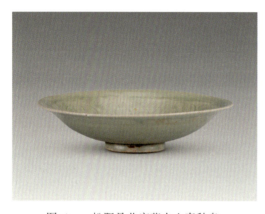

图二一　松阳县北宋墓出土青釉盘

图二二　松阳县北宋墓出土青釉盘

盘　3件，根据纹样装饰方法的不同可以分为两类。

第一类，2件。圆唇，敞口，斜曲腹，圈足。外腹素面或口沿下饰弦纹双圈；内腹满饰团状花卉纹饰，填以篦划纹；内心有弦纹一圈，内饰菊瓣纹。灰胎。青釉。全器满施釉，唯外底部露胎无釉。（图二〇、二一）

第二类，1件。残。圆唇，敞口，斜曲腹，圈足。外腹口沿下饰凹弦纹一圈，下满饰折扇纹；内腹满饰团状花卉纹饰；内心有弦纹一圈，内饰团状花卉纹，填以篦纹。灰胎。青釉。全器满施釉，唯外底部露胎无釉。（图二二）

执壶　圆唇，敞口，口部微残，短束颈，圆丰肩，扁圆形深腹，矮圈足。肩部置曲流、牌饰、曲柄，两两对称。曲柄饰三道平行凹弦纹，牌饰上置叶脉状纹饰。腹部以瓜棱状白痕分为六个等大的区域，内满饰繁缛的花卉及卷草纹。灰白胎，胎质较粗。青釉。全器满施釉，唯外底部露胎无釉。（图二三）

炉　圆唇，宽平折沿，直口，深直腹，圆形座，底足呈如意形。折沿处饰刻划卷草纹，底座处饰双线莲瓣纹，纹样较细。灰胎，胎质细。青釉。全器满施釉，唯口沿及外底部露胎无釉。外底部有"□戌"款，字迹草率。（图二四）

瓶　圆唇，直口，上腹斜直，下腹斜收，平底。腹部刻划弦纹多圈。灰白胎。青白釉。全器满施釉，唯外底部露胎无釉。（图二五）

钵　圆唇，敛口，宽折沿，斜曲腹，平底。灰白胎。青釉，乳浊釉。全器满施釉，唯外底部露胎无釉。（图二六）

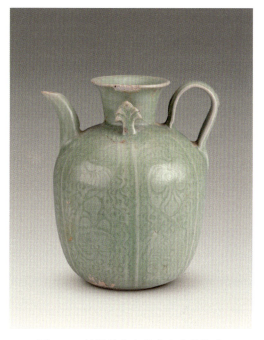

图二三　松阳县北宋墓出土青釉执壶

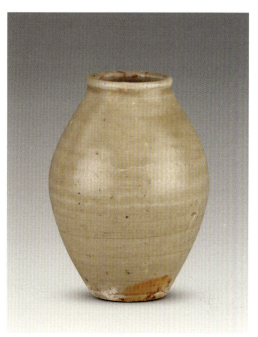

图二五　松阳县北宋墓出土青釉瓶

图二四　松阳县北宋墓出土青釉炉

图二六　松阳县北宋墓出土青釉钵

（2）新昌县北宋墓出土青瓷碗[1]

圆唇，侈口，上腹斜直，下腹斜曲，圈足。外腹饰折扇纹。釉色深绿透黄，近似草绿色。全器满施釉，唯外底部露胎无釉。口径11、足径4.5、高4厘米。

（3）宁波永丰库遗址出土青釉碗、孔明碗、碟和盒[2]

碗　圆唇，敞口，斜曲腹，圈足。外腹口沿下有弦纹一圈，下饰折扇纹。内腹口

[1] 新昌县文管会：《浙江省新昌县二十四号宋墓发掘简报》，浙江省文物考古研究所编《浙江省文物考古研究所学刊（第七辑）》，杭州出版社，2005年。

[2] 宁波市文物考古研究所：《永丰库：元代仓储遗址发掘报告》，科学出版社，2013年。

沿下饰卷草纹带一圈，下饰缠枝花卉纹，填以篦点纹；内心有弦纹一圈，内饰团菊纹。灰胎，胎质较细。青釉。全器满施釉，唯外底部露胎无釉。

孔明碗　仅余外层碗。口残，斜曲腹，平底中空。外腹饰仰莲瓣纹，内填以直条状篦纹。全器满施釉，唯外底部露胎无釉。

碟　口残。折腹，上腹斜直，下腹斜收，平底微内凹。内心有弦纹一圈，内饰多瓣花卉纹，填以篦纹。灰胎，胎质较细。青釉微泛黄。全器满施釉，唯外底部露胎无釉。

盒　仅余盒身。尖唇，直口，折腹，上腹竖直，下腹斜收，平底微内凹。外下腹饰仰莲瓣纹。全器满施釉，唯外底部露胎无釉。

3. 江苏省

（1）南京太新路宋墓出土青釉碗[1]

圆唇，敞口微侈，斜曲腹，圈足。外腹口沿下有弦纹一圈，下饰折扇纹；内腹饰三朵花卉纹，线条繁缛。灰白胎。青釉。全器满施釉，唯外底部露胎无釉。口径21.7、足径6.3、高8.9厘米。

（2）溧阳县竹箦镇北宋元祐六年（1091年）李彬夫妇墓出土青釉碗[2]

2件。形制相同。敞口，上腹斜直，下腹斜曲，圈足。外腹口沿下有弦纹一圈，下饰折扇纹。灰白胎。青釉。一件口径17.8、高9.6厘米，另一件口径18、高8.2厘米。

（3）镇江市出土北宋龙泉窑青瓷[3]

①镇江登云山北宋政和三年"冲照大师"墓出土青釉杯和碟

杯　圆唇，直口，折腹，上腹竖直，下腹平收，圈足。外上腹饰仰莲瓣纹三层，内填以直条状篦纹；内腹及内心素面。青灰胎，胎质较细。青釉。全器满施釉，唯外底部露胎无釉。口径10、足径6、高7.5厘米。

碟　圆唇，敞口，葵口，斜曲腹，腹较浅，隐圈足。外腹素面；内腹对应花口处有白痕；内心有弦纹一圈，内素面。灰胎，胎质较细。青釉。全器满施釉，唯外底部露胎无釉。口径9.2、足径5.3、高5厘米。

②镇江市城隍庙街东城乡开发公司工地出土青釉碗

圆唇，敞口，斜曲腹，圈足。外腹饰折扇纹，内腹饰花卉纹；内心有弦纹一圈，内刻划婴戏纹，间以花卉及篦纹。青灰胎，胎质较粗。青釉。全器满施釉，唯外底部露胎无釉。口径18.8、足径5.8、高7.8厘米。

---

［1］南京市博物馆：《南京市太新路宋墓发掘简报》，《东南文化》2011年第6期。

［2］镇江市博物馆、溧阳县文化馆：《江苏溧阳竹箦北宋李彬夫妇墓》，《文物》1980年第5期。

［3］刘建国：《古城三部曲——镇江城市考古》，江苏古籍出版社，1995年；刘丽文、余甡野：《镇江出土龙泉窑瓷器研究》，中国古陶瓷学会编《龙泉窑研究》，故宫出版社，2011年；刘丽文：《灵土与窑火的艺术：镇江出土瓷器研究》，江苏大学出版社，2013年。

③镇江五条街工地出土青釉碗

圆唇，敞口，斜曲腹，圈足。外腹饰折扇纹，内腹饰缠枝莲花纹饰。灰胎，胎质较粗，有杂质。青釉。全器满施釉，唯外底部露胎无釉。口径 19.4、足径 6.3、高 8 厘米。

④镇江斜桥街中房工地出土青釉碗

圆唇，敞口，斜曲腹，圈足。外腹饰折扇纹，内腹饰刻划花卉纹。灰胎。青釉泛黄。全器满施釉，唯外底部露胎无釉。口径 18.3、足径 5.5、高 8 厘米。

⑤镇江电力路金江花园工地出土青釉碗

圆唇，敞口，折腹，小圈足。外腹饰折扇纹，内腹饰刻划花卉纹，填以篦点纹。灰胎，胎质粗。青釉泛黄。全器满施釉，唯外底部露胎无釉。

除以上所述，四川省阆中北宋崇宁四年（1105 年）陈安祖夫人墓也出土有青釉莲花纹盘[1]。

二 相关问题研究

（一）地域流布及差异

对以上各地出土北宋龙泉窑瓷器的情况进行统计列表。（表一）

表一 墓葬和遗址出土北宋龙泉窑瓷器一览表

出土地区		器物种类及数量（件）		出土总数（件）
窑址周边地区	龙泉地区	淡青釉产品	六管瓶 1、五管瓶 2、盘口瓶 2、执壶 1	17
		青釉产品	五管瓶 4、盘口瓶 2	
	庆元地区	淡青釉产品	盖罐 1、六管瓶 1、单耳瓶 1、敞口碗 1、小杯 1	
窑址之外的其他地区	江西南丰县	淡青釉产品	炉 1	25
	浙江松阳县	青釉产品	碗 2、盘 3、执壶 1、炉 1、瓶 1、钵 1	
	浙江新昌县	青釉产品	碗 1	
	浙江宁波市	青釉产品	碗 1、孔明碗 1、碟 1、盒 1	
	江苏南京市	青釉产品	碗 1	
	江苏溧阳县	青釉产品	碗 2	
	江苏镇江市	青釉产品	杯 1、碟 1、碗 4	
	四川阆中市	青釉产品	盘 1	

[1]南充地区文化局、重庆市博物馆：《嘉陵江南充地区河段考古调查纪实》，内部资料，1979 年。转引自刘涛：《宋辽金纪年瓷器》，文物出版社，2004 年，第 95 页。

在以龙泉和庆元为中心的窑址周边地区出土有 17 件，器物种类包括淡青釉和青釉产品两种，其中淡青釉产品有六管瓶、五管瓶、盘口瓶、执壶、敞口碗、盖罐、单耳瓶和小杯等 8 种，青釉产品有五管瓶和盘口瓶 2 种；在窑址分布地区之外的其他地区（包括江西南丰县，浙江松阳县、新昌县、宁波市，江苏南京市、溧阳县、镇江市，四川阆中市）出土有 25 件，除 1 件淡青釉炉外，其他均为青釉产品，种类有碗、盘、执壶、炉、杯、碟、孔明碗、盒、瓶、钵等 10 种。

（二）差异原因初探

从表一我们看到，北宋龙泉窑淡青釉产品主要出土于以龙泉和庆元为中心的窑址周边地区，青釉产品除了窑址周边地区，在窑址之外的其他地区也有较大量发现。前者产品种类偏向于明器一类，如五管瓶和盘口瓶，且往往同墓共出，而后者偏向于日用器皿，如碗、盘、执壶、杯、碟、炉等。

出现这种差异，我们认为有以下三方面原因。

一是与龙泉窑的生产状况有关。北宋中晚期，淡青釉产品生产规模不大，产量也不高，窑业生产仅限于龙泉金村和庆元上垟一带，故这一时期的龙泉窑瓷器主要在窑址周边地区的墓葬中发现。到北宋末期，龙泉窑生产规模扩大，产量增加，除了龙泉金村和庆元上垟一带继续生产外，龙泉大窑、石隆、东区等地也开始烧造青釉瓷器，故而这一时期瓷器的流布范围扩大，除窑址周边地区之外，在其他地区也有发现。通过近年来对龙泉窑金村片（含庆元上垟）的考古调查，分布于龙泉金村和庆元上垟一带的 34 处龙泉窑窑址，在北宋中晚期仅有 4 处生产淡青釉产品，至北宋末期已有 12 处生产青釉产品。由此可见，随着时间的推移，自北宋中晚期至北宋末期，龙泉窑的生产规模呈现出不断扩大的趋势。

二是与龙泉窑所处的地理环境有关[1]。龙泉窑窑址所处的龙泉、庆元地区位于浙南山区，崇山峻岭，陆路交通不便。虽然该区域内溪流较多，但多险滩，"舟行崎岖，动辄破碎"，不利于龙泉窑瓷器的外运。这种状况直到北宋元祐七年（1092 年）才得以改变。据文献记载，元祐七年官民合力修险滩，"毕合百六十有五滩，龙泉居其半，缙云亦五之一。凡昔所难，尽成安流，舟昼夜行，无复激射覆溺之虞"[2]。

---

[1] 此点已为不少学者关注，如蔡和璧：《由文献资料看龙泉窑》，《和泉市久保惣记念美术馆·久保惣记念文化财团东洋美术研究所纪要 10》，和泉市久保惣记念美术馆、久保惣记念文化财团，1998 年；秦大树、刘净贤：《梅青水碧　美艳青瓷——龙泉窑的历史与成就》，首都博物馆编《温温玉色照瓷瓯：龙泉窑青瓷艺术》，北京燕山出版社，2012 年。

[2] （宋）龚原：《治滩记》，（清）苏遇龙重修《乾隆龙泉县志》卷十二《艺文志》，龙泉市博物馆藏乾隆刊本。此志为苏遇龙据顺治乙未年（十二年，1655 年）徐可先所修《龙泉县志》重修本，成书于乾隆二十七年（1762 年）。

在此之后，险滩得到治理，"可筏可舟"[1]，龙泉窑瓷器得以通过水路外运，并且通过瓯江、闽江经温州、福州出海，瓷业得到迅速发展。元祐七年或为北宋中晚期和北宋末期龙泉窑制瓷业的分水岭，在此之前出现并缓慢发展，在此之后飞速发展，窑业生产范围及规模扩大。

三是与各地葬俗差异有关。龙泉窑多管瓶和盘口瓶等一类产品属于明器已为多位学者撰文论证[2]，此外馆藏的几件龙泉窑器物也为我们探讨该类器物的性质提供了十分重要的资料。英国大英博物馆藏（原属大维德基金会）龙泉窑青釉盘口瓶[3]，腹部墨书"元丰三年闰九月十五圆日愿烧上邑粮膺承贮千万年香酒，归去伯（百）年，归后阴荟千子万孙，永招富贵，长命大吉，受福无量，天下太平"字款。日本大和文华馆藏龙泉窑青釉五管瓶[4]，腹部墨书"元丰三年又九月十五圆日增添福寿……何十二婆百年后荫益子女孙子富贵长命大吉"字款。龙泉青瓷博物馆藏龙泉窑青釉五管瓶，瓶盖内墨书"张氏五娘五谷仓柜上应天宫下应地中荫子益孙长命富贵"。从以上器物铭文中我们可以明确探知，五管瓶和盘口瓶在丧葬中分别充当谷仓和粮膺（罂）以盛贮谷物和香酒。结合相关学者的研究，宋代江南地区的盘口瓶和多角坛（多管瓶为其变体）共存于湘江中下游地区、金衢盆地、瓯江上游地区[5]，而本文所论的出土龙泉窑盘口瓶和多管瓶的窑址周边地区即属于瓯江上游地区。

（三）北宋龙泉窑瓷器运销路径及使用阶层试析

根据北宋时期龙泉窑瓷器在各地的出土情况，我们可以大致勾勒出这一时期龙泉窑瓷器在国内的流布范围（图二七）。龙泉窑瓷器散布在淮河以南的南方地区，除了窑址周边的龙泉和庆元地区之外，其他大部分在长江水系及大运河沿线，如南京、镇江、溧阳、阆中、宁波等，从中可以窥测长江水道和大运河（包括浙东运河）在龙泉窑瓷器外运中的重要作用。

对出土北宋龙泉窑瓷器的墓葬和遗址进行统计列表。（表二）

---

[1]（清）齐召南《重修龙泉县志序》载："群流汇于留槎之阁，宅幽势阻，踞东瓯上游，实为浙闽要地。滩多险阻。已经疏凿，可筏可舟。"见（清）苏遇龙重修《乾隆龙泉县志》卷首，龙泉市博物馆藏乾隆刊本。

[2] 黄义军：《南方宋墓出土盘口瓶和多角坛的分区研究》，《考古与文物》2008年第4期；董健丽：《五管瓶初论》，《东南文化》2009年第3期；王铭：《唐宋时期的明器五谷仓和粮罂》，《考古》2014年第5期。

[3] 大英博物馆网站 http://www.britishmuseum.org/research/collection_online/collection_object_details.aspx?assetId=569981&objectId=3180821&partId=1

[4] 大和文华馆：《大和文华馆所藏中国陶磁》，1973年，图版26；大和文华馆：《大和文华馆名品图录》，1960年，图版77。

[5] 黄义军曾根据盘口瓶和多角坛的形制，将宋代两者在江南地区的分布划分为几个区域。前者大致分为六个区域，即湘江中下游地区、赣江流域、金衢盆地、瓯江上游地区、闽西北地区、以北河流域为中心的岭南地区；后者大致分为五个区域，即湘江中下游地区、金衢盆地、浙西南瓯江上游地区、闽江下游及瓯江下游地区、以北流河流域为中心的岭南地区。参见黄义军：《南方宋墓出土盘口瓶和多角坛的分区研究》，《考古与文物》2008年第4期。

图二七 北宋龙泉窑瓷器流布范围示意图

表二 出土北宋龙泉窑瓷器的墓葬和遗址性质统计表

序号	出土地点	墓主及遗址性质	备注
1	溧阳县竹箦镇北宋李彬夫妇墓	地方富豪	券顶砖室墓，有墓志出土
2	镇江登云山"冲照大师"墓	润州高僧	六角形石顶砖室墓
3	南丰县北宋大圣舍利宝岩塔地宫	地宫	
4	宁波市永丰库遗址	唐宋子城遗址	
5	龙泉市茶丰公社墩头大队北宋墓	不明	土洞墓
6	新昌县北宋墓	不明	券顶砖室墓，无墓志及文字材料
7	南京太新路宋墓	不明	券顶砖室墓，无墓志及文字材料
8	龙泉市查田镇下圩村北宋墓	不明	
9	龙泉市兰巨乡独山村北宋墓（庚戌年间）	不明	
10	龙泉市塔石乡秋畈村北宋元丰元年墓	不明	
11	龙泉市林垟公社	不明	
12	龙泉市宏山乡山里村	不明	
13	庆元县大洋村北宋墓	不明	
14	松阳县北宋墓	不明	
15	阆中市北宋陈安祖夫人墓	不明	未刊
16	镇江市城隍庙街东城乡开发公司工地	不明	
17	镇江五条街工地	不明	
18	镇江斜桥街中房工地	不明	
19	镇江电力路金江花园工地	不明	

仅 4 处明确为地方富豪墓、润州高僧墓、佛塔地宫和唐宋子城遗址（表二：1 ~ 4）。此外有 3 处未被盗掘的墓葬，从发掘情况来看，墓葬规模普遍较小，墓葬形制为土洞墓、券顶砖室墓，并无墓志及其他文字资料出土，可以初步推断为一般平民墓葬（表二：5 ~ 7）。其他几处墓葬由于报告不全或尚未发表，墓主身份不明（表二：8 ~ 15）。至于镇江市区几处遗址（表二：16 ~ 19）以及龙泉的几处遗址，也属于一般性遗址。综上所述，北宋时期龙泉窑的使用阶层应该局限于普通人群。

三 结语

北宋是龙泉窑发展史上的重要时期，龙泉窑业的发展状况也影响着其产品的流布范围。早期淡青釉产品主要集中于窑址周边地区，在窑址之外的其他地区仅有个别发现；青釉产品除窑址周边地区以外，在窑址之外的其他地区也有较大量发现。此外，淡青釉产品与青釉产品在器物种类方面也存在着较大差异，这种现象是与这一时期龙泉窑的生产状况相适应的，与龙泉窑所处的地理环境以及各地葬俗差异也有一定的关系。北宋时期龙泉窑瓷器呈现出随长江水系和大运河沿线流布的态势，且主要集中在淮河以南地区，从中可以看到水运渠道在龙泉窑瓷器运销中发挥的重要作用。从出土单位的性质来看，这一时期的龙泉窑瓷器主要发现于平民墓葬及一般性遗址中，少数发现在具有一定等级的遗址和墓葬中，可见是以普通群众为销售对象的。

以上我们仅就窑址以外墓葬和遗址出土的北宋龙泉窑瓷器进行了梳理，并对其中涉及的一些问题进行了粗浅的讨论。文中所统计的龙泉窑瓷器可能不乏龙泉窑系（类型）产品。囿于笔者水平有限，不足之处还请方家批评指正。

龙泉市博物馆馆藏北宋龙泉窑瓷器概述

周光贵

（龙泉市博物馆）

　　龙泉市位于浙江省西南部，地处浙、闽、赣边境，东接云和、景宁县，南毗庆元县，北邻遂昌、松阳县，西与福建省浦城县交界，是温州、丽水进入闽赣两省的通道之一，自古为闽、浙、赣毗邻地区商业重镇，素有"瓯婺八闽通衢"以及"驿马要道、商旅咽喉"之称。龙泉历史悠久，新石器时代就有人类在这块土地上劳动生息。东晋太宁元年（323年），属永嘉郡松阳县，建置龙渊乡。唐武德三年（620年），因避高祖李渊讳，改龙渊乡为龙泉乡。唐乾元二年（759年），建立龙泉县，县治地黄鹤镇（今龙渊镇）。宋徽宗宣和三年（1121年），诏天下县镇凡有龙字者皆避，改名剑川县。宋绍兴元年（1131年）复名龙泉县，沿袭至今。宋庆元三年（1197年），析龙泉之松源乡及延庆乡部分地置庆元县。明洪武三年（1370年），庆元县并入，洪武十三年十一月复置庆元县。

　　龙泉地势西南高、东北低，龙泉溪（瓯江上游称龙泉溪）由西南向东北贯穿。境内溪流密布，峰峦起伏，到处峡谷深沟，悬崖峭壁，海拔千米以上的山峰有730余座，其中凤阳山主峰黄茅尖海拔1929米，为江浙第一高峰。山带总面积占69.17%，丘陵占27.02%，河谷平原仅占2.91%，故有"九山半水半分田"之称。龙泉位于中亚热带气候区，四季分明、雨量充沛、冬不严寒、夏无酷暑，春早夏长、温暖湿润，因此生态环境优良，动植物资源丰富，森林覆盖率达79.9%。境内有各类矿产20余种，瓷土、紫金土储量尤为丰富且品质极为优良，为瓷业生产提供了得天独厚的条件。

　　龙泉窑以瓯江上游龙泉溪为轴线，窑址主要分布在龙泉溪的南北两岸。古时就有"瓯江两岸，瓷窑林立，烟火相望，江上运瓷船舶来往如织"的记述，与考古调查结果相吻合。从窑址分布情况来看，龙泉窑窑址大致可以分为两个大区——东区和南区。其中南区又可细分为大窑、金村、溪口和石隆四个小区。

　　现就龙泉市博物馆馆藏的120件北宋（含南宋初期）龙泉窑瓷器予以介绍。

一　北宋中晚期产品——淡青釉产品

（一）早期淡青釉产品

满釉。产品种类有五管瓶、盘口瓶、执壶、罐、瓶和盏托等 5 种。

1.五管瓶

5 件。全器由瓶盖和瓶身两部分组成。瓶盖方唇，直口，盖面鼓，顶部中心置一纽。瓶身方唇，直口，短颈，扁圆腹，圈足。灰胎，胎质较细。淡青釉。通体施釉。

标本 000003：瓶盖花边形沿，顶部中心置一花蕾形纽，周围贴塑四只小鸭。盖面饰覆蕉叶纹一圈，内填以篦纹，口沿处饰凹弦纹双圈。瓶身丰肩，肩部置五个多棱形管，圈足外撇。肩部饰凸弦纹一圈，下饰细线花卉纹；肩腹相交处贴塑花边一圈；上腹饰蕉叶纹四层，下腹以凸棱分为六个等大的区域，内刻划花卉纹。瓶盖口沿及瓶身外底足端处有支烧痕迹。标本 000003 与标本 000001（盘口瓶）、标本 000002（执壶）于 1976 年在龙泉县茶丰公社墩头大队山坡上的一个土穴内发现[1]。通高 34.9 厘米。（图一：1）

标本 000008：瓶盖花边形沿，顶部中心置一花蕾形纽。以纽为中心饰凸雕花瓣纹。瓶身肩腹部呈上下六级，由上而下依次增大，于第二、三级相交处置五个多棱形管，圈足外撇。腹部由上而下五级饰宽篦划纹，下腹饰仰莲瓣纹双圈。瓶盖内部露胎无釉。瓶身外底部残留垫圈支烧痕迹。通高 30.9 厘米。（图一：2）

标本 000440：失盖。瓶身肩腹部呈上下五级，于第二级上置五管。外腹由上而下满饰双线仰莲瓣纹。肩部残留支烧痕迹。高 25 厘米。（图一：3）

标本 001804：瓶盖残，平沿微卷，盖面鼓，顶部中心置一纽。以纽为中心饰覆莲瓣纹。瓶身肩腹部呈上下五级，于第二级上置五管，圈足微外撇。腹部由上而下依次饰双线莲瓣纹。瓶盖内露胎无釉。瓶身口沿及外底部残留垫圈支烧痕迹。通高 33.3 厘米。（图一：4）

标本 003082：瓶盖平沿，顶部中心贴塑一犬。瓶身肩部呈上下两级，于第二级上置五个多棱形管。腹素面。瓶盖及瓶身口沿处均露胎无釉。通高 26.1 厘米。（图二：1）

2.盘口瓶

12 件。全器由瓶盖和瓶身两部分组成。瓶盖方唇，直口，盖面微鼓，顶部中心

---

[1]浙江龙泉县图书馆文物管理小组：《龙泉新出土的三件北宋早期青瓷器》，《文物》1979 年第 11 期。

置一纽。瓶身方唇，直口，盘口，长束颈，丰肩，肩对称置双系，扁圆腹，圈足。灰胎，胎质较细。淡青釉。通体施釉。

标本000001：瓶盖平沿微卷，顶部中心置一花蕾形纽。瓶身圈足微外撇。口沿处饰凹弦纹三圈，肩部刻划花卉纹，上腹部贴塑花边两圈。瓶身外底足端有支烧痕迹。通高33.1厘米。（图二：2）

标本000012：失盖。瓶身颈部近肩处饰凹弦纹三圈，肩部饰凸弦纹一圈，下以双凸棱将腹部分为四个等大的区域，内各饰花卉纹。外底足端处露胎无釉。瓶身口沿处有支烧痕迹。高27.3厘米。（图二：3）

标本000021：有修复。瓶盖残，花边形卷沿，顶部中心置一瓜蒂形纽。以纽为中心依次饰凹弦纹一圈，覆莲瓣纹一圈，内刻划花卉纹，近口沿处填以篦纹。瓶身肩部对称置双系，其一残。腹部以双凸棱分为六个等大的区域，内饰刻划花卉纹。瓶盖内露胎无釉。瓶身口沿处露胎无釉，有支烧痕迹。通高37厘米。（图二：4）

标本000032：瓶盖圆唇，平沿微卷。瓶身口部残，颈部近肩处饰弦纹三圈，肩腹相交处贴塑花边一圈，腹部以双凸棱分为八个等大的区域，内素面。瓶盖口沿处有支烧痕迹。通高27.7厘米。（图三：1）

标本000041：瓶盖尖圆唇，花边形口沿，顶部中心置一瓜蒂形纽。以纽为中心饰凸弦纹一圈，外饰覆莲瓣纹一圈。瓶身圈足外撇。颈部近肩部处饰凸弦纹多圈，腹部以双凸棱分为六个等大的区域，内饰刻划花卉纹。瓶盖内露胎无釉。瓶盖口沿及瓶身外底部有支烧痕迹。通高33.8厘米。（图三：2）

标本000087：有修复。瓶盖花边形口沿，顶部中心置一花蕾形纽。瓶身肩部无双系。颈部近肩处饰凹弦纹双圈，腹部满饰仰莲瓣纹。瓶盖内露胎无釉。瓶身口沿及外底足端处有支烧痕迹。通高35.3厘米。（图三：3）

标本000236：有修复。瓶盖花边形口沿，顶部中心置一花蕾形纽。以纽为中心置凹弦纹双圈，外饰覆莲瓣纹一圈。瓶身颈部近肩处饰凹弦纹四圈，肩腹相交处饰凸弦纹一圈，腹部以凸棱分为四个等大的区域，内饰刻划花卉纹。瓶盖内部及瓶身口沿处露胎无釉。盖口沿处有支烧痕迹。通高39厘米。（图三：4）

标本000237：失盖。瓶身圈足外撇。外颈部近肩处饰凸弦纹双圈，肩腹部相交处饰凸弦纹一圈，腹部以双凸棱分为六个等大的区域，内饰花卉纹。胎质较粗。淡青釉泛灰。瓶身口沿及外底部有支烧痕迹。高30.6厘米。（图四：1）

标本000499：失盖。瓶身饼足微外撇。颈部近肩处饰凹弦纹双圈，肩腹相交处饰凸弦纹双圈，腹部以双凸棱分为八个等大的区域，内素面。外底部残留支烧痕迹。高29.2厘米。（图四：2）

标本000508：失盖。瓶身肩腹相交处饰凸弦纹一圈，腹部以双凸棱分为六个等

大的区域，内素面。生烧，黄胎，胎质较粗。淡青釉泛黄。外底部残留支烧痕迹。高32.6厘米。（图四：3）

标本000522：瓶盖残，平沿微卷，顶部中心置一花蕾形纽。以纽为中心饰覆莲瓣纹双层，近沿处饰凹弦纹一圈。瓶身肩部饰刻划花，肩腹相交处贴花边一圈，腹部饰仰蕉叶纹两层，下腹近足处饰仰莲瓣纹一圈。生烧，灰黄胎，胎质较粗。淡青釉泛黄。通高30.6厘米。（图四：4）

标本003077：失盖。瓶身上腹部有裂痕，圈足微外撇。颈部近肩处饰凸弦纹三圈，肩腹相交处饰凸弦纹一圈，腹部以双凸棱分为六个等大的区域，内饰刻划花卉纹。外底部残留有支烧痕迹。高30厘米。（图五：1）

3. 执壶

3件。根据口部特征的不同，大致可以分为两小类。

第一小类　2件。圆唇，直口，盘口，长束颈，颈部有裂痕，丰肩，肩部对称置双系、长曲流、双泥条柄，扁圆腹，圈足。肩腹相交处饰凸弦纹一圈，腹部以双凸棱分为四个或六个区域，内素面。灰胎。淡青釉。通体施釉。

标本000030：胎质较细。腹部以双凸棱分为四个区域。外底足端残留支烧痕迹。高15.2厘米。（图五：2）

标本000253：颈肩部有裂痕。腹部以双凸棱分为六个区域。胎质较粗。淡青釉微泛黄，较多开片。外底部残留支烧痕迹。高21.2厘米。（图五：3）

第二小类　1件。圆唇，直口，束颈，溜肩，肩部对称置长曲流、双泥条系，扁圆腹，圈足。颈肩部饰凸弦纹一圈，腹部以双凸棱分为六个区域，内素面。灰胎，胎质较细。淡青釉。通体施釉。

标本003386：有修复。高20.9厘米。（图五：4）

4. 罐

1件。

标本000579：方唇，直口，短束颈，溜肩，肩部对称置双系，扁圆腹，饼足。肩部饰凹弦纹双圈。灰胎，胎质粗。淡青釉。通体施釉。高23厘米。（图六：1）

5. 瓶

1件。

标本000498：由瓶盖和瓶身两部分组成。瓶盖方唇，直口，花边形口沿，顶部中心置一瓜蒂形纽。以纽为中心饰凸弦纹一圈，外饰双线莲瓣纹一圈。瓶身圆唇，侈口，长束颈，丰肩，肩部对称置双系，扁圆腹，圈足。肩腹部饰凸弦纹一圈，腹部以双凸棱分为六个等大的区域，内素面。灰胎，胎质较细。淡青釉。通体施釉。瓶盖内露胎无釉。瓶身外底部有支烧痕迹。通高36厘米。（图六：2）

6. 盏托

2件。圆唇，花口，平折沿，沿部上翘，折腹，上腹斜曲，下腹斜收，圈足外撇，中空。内心置一圆托，圆唇，直口。沿处饰花卉纹饰，托内心饰花卉纹饰，外腹饰覆莲瓣纹、蕉叶纹各一圈。灰白胎，胎质较细。淡青釉。通体施釉。外底部残留支烧痕迹。

标本000016：足部残。高6.9厘米。（图六：3）

标本000017：口沿及足部残。高6.8厘米。（图六：4）

（二）晚期淡青釉产品

垫饼垫烧。产品种类有六管瓶、五管瓶、盘口瓶、执壶、罐和瓶等6种。

1. 六管瓶

1件。

标本000004：失盖。瓶身圆唇，直口，短颈，肩腹部呈上下十级，于第二级上置六个多棱形管，扁圆腹，圈足。第三、四、五级上依次饰覆莲瓣纹双层、仰莲瓣纹三层、圆形花瓣纹。灰胎，胎质较细。淡青釉。通体施釉，唯外底部露胎无釉。据档案记载，该件器物出土于龙泉查田下圩村宋墓。高24.8厘米。（图七：1）

2. 五管瓶

7件。由瓶盖和瓶身两部分组成。瓶盖方唇，直口，盖面鼓，顶部中心置一纽。瓶身圆唇或方唇，直口，短束颈，肩腹部呈上下多级，置五管，扁圆腹，圈足。灰胎。淡青釉。通体施釉，瓶盖内露胎无釉，瓶身口沿及外底部露胎无釉。

标本000009：瓶盖卷沿，顶部中心置一葫芦形纽，以纽为中心饰折扇纹。瓶身圆唇，肩腹部呈上下五级，于第三级上置五圆管，圈足微外撇。第二、四、五级上置凸棱三道，将该级分为若干个等大的区域，内素面。生烧，灰黄胎，胎质较粗。淡青釉泛黄。瓶盖及瓶身口沿处有支烧痕迹。通高32.8厘米。（图七：2）

标本000245：瓶盖残，花边形口沿，顶部中心置一花蕾形纽。以纽为中心饰覆莲瓣纹双层。瓶身方唇，肩腹部呈上下五级，于第二级上置五个多棱形管。腹素面。较多开片，有剥釉现象。通高25.4厘米。（图七：3）

标本000415：失盖。瓶身方唇，肩腹部呈上下六级，于第二级上置五个多棱形管，现存两管。第二至五级上饰仰莲瓣纹，第六级上饰折扇纹。胎质较细。高29.2厘米。（图七：4）

标本000419：失盖。瓶身方唇，肩腹部呈上下五级。第二至五级上满饰折扇纹。胎质较细。高22.5厘米。（图八：1）

标本000500：瓶盖圆唇，顶部中心置一花蕾状纽。以纽为中心置凸弦纹一圈，外饰折扇纹。瓶身方唇，肩腹部呈上下四级，于第一级上置五圆管，现存四管，圈足外撇。第二、三级上饰折扇纹，第四级上饰仰莲瓣纹。胎质较细。通高29.6厘米。（图八：2）

标本000502：瓶盖花边形口沿，顶部中心置一花蕾形纽。瓶身方唇，口部残，肩腹部呈上下四级，于第一级上置五管。腹素面。胎质较粗。淡青釉泛灰。通高25.1厘米。（图八：3）

标本001803：瓶盖花边形口沿，顶部中心置一花蕾形纽。以纽为中心饰覆莲瓣纹。瓶身方唇，口部残，肩腹部呈上下四级，于第二级上置五个多棱形管。第一、二、三级上饰仰莲瓣纹，间以细线篦纹，第四级上以三凸棱分为六个等大的区域，内饰花卉纹。满布开片。通高31.3厘米。（图八：4）

3. 盘口瓶

5件。由瓶盖和瓶身两部分组成。瓶盖方唇，直口，花边形口沿，盖面微鼓，顶部中心置一瓜蒂形纽。以纽为中心饰凹弦纹双圈，外饰覆蕉叶纹一圈，填以篦纹。瓶身方唇，直口，盘口，长束颈，丰肩或溜肩，肩部对称置双系，扁圆腹，圈足。灰胎，胎质较细。淡青釉。通体施釉，瓶身外底部露胎无釉。

标本000005：瓶身丰肩。口沿饰凹弦纹一圈，颈部近肩处饰凹弦纹三圈，肩部饰凸弦纹双圈；上腹部饰四朵花卉，填以篦纹，间以草叶纹；下腹部饰仰莲瓣纹双层，填以篦纹。胎质较细。瓶盖口沿处露胎无釉。通高35.9厘米。（图九）

标本000036：失盖，变形。瓶身丰肩，圈足微外撇。颈部近肩部饰凸弦纹三圈，肩腹相交处饰凸弦纹一圈，腹部以双凸棱分为六个等大的区域，内饰花卉纹饰。胎质较粗。高27.4厘米。（图一○：1）

标本000080：失盖。瓶身丰肩。肩部饰凸弦纹一圈，腹部以双凸棱分为六个等大的区域，内素面。灰黄胎，胎质较粗。淡青釉泛灰。高27.5厘米。（图一○：2）

标本000083：失盖。瓶身溜肩，肩部饰对称置双系，均残。颈部近肩部处饰凹弦纹四圈，肩部饰凸弦纹一圈，腹部以三凸棱分为八个等大的区域，内素面。胎质较粗。淡青釉泛灰。高29.2厘米。（图一○：3）

标本000248：失盖。瓶身溜肩，肩部有裂痕。腹部以凸棱分为六个等大的区域，内素面。生烧，灰黄胎，胎质较粗。淡青釉泛黄。高31.5厘米。（图一○：4）

4. 执壶

4件。根据口部及整体特征的不同，分为三小类。

第一小类　2件。圆唇，直口，盘口，长束颈，丰肩，肩部对称置长曲流、双泥条曲柄、双系，扁圆腹，圈足。灰胎，胎质较细。淡青釉。通体施釉，外底部露胎无釉。

标本000002：肩腹相交处饰凹弦纹一圈，腹部以双凸棱分为四个区域，内素面。

外底足端处有支烧痕迹。高 17.6 厘米。（图一一：1）

标本 000313：口部残。颈部近肩处饰凹弦纹三圈，肩腹相交处饰凸弦纹一圈，腹部以双凸棱分为六个区域，内饰花卉纹。淡青釉，局部泛黄，较多开片。高 19.8 厘米。（图一一：2）

第二小类　1 件。

标本 003435：圆唇，侈口，长束颈，丰肩，肩部对称置长曲流、双泥条系，扁圆腹，圈足。肩腹相交处饰凸弦纹一圈，腹部以双凸弦纹分为六个区域，内饰双线花卉纹。灰胎，胎质较细。淡青釉。通体施釉，外底部露胎无釉。高 26.8 厘米。（图一一：3）

第三小类　1 件。

标本 000540：方唇，直口微敛，短束颈，溜肩，肩部对称置短流、宽柄、双泥条系，扁圆腹，饼足。腹素面。灰胎，胎质粗。淡青釉，有积釉现象。通体施釉，外底部露胎无釉。高 14.8 厘米。（图一一：4）

5. 罐

2 件。圆唇，直口，短束颈，溜肩，肩部对称置双系，扁圆腹，平底。腹素面。灰胎，胎质较粗。淡青釉。通体施釉，外底部露胎无釉。

标本 000037：罐。高 24.4 厘米。（图一二：1）

标本 000238：有开片。高 22.8 厘米。（图一二：2）

6. 瓶

2 件。

标本 000239：圆唇，小平沿，直口，短束颈，溜肩，扁圆腹，平底。腹素面。灰胎，胎质粗。淡青釉。通体施釉，外底部露胎无釉。高 26 厘米。（图一二：3）

标本 000241：由瓶盖和瓶身两部分组成。瓶盖圆唇，平沿微翘，顶部中心置一圆纽。瓶身圆唇，直口，短束颈，溜肩，肩部对称置双系，扁圆腹，平底。肩腹相交处饰凸弦纹一圈。腹素面。灰胎，胎质粗。淡青釉泛灰。通体施釉，外底部露胎无釉。通高 21.6 厘米。（图一二：4）

二　北宋末期产品——翠青釉产品

产品种类有六管瓶、五管瓶、四管瓶、盘口瓶、执壶、盖罐、瓶、炉、粉盒、碗、孔明碗、盘和杯等 13 种。

1. 六管瓶

2 件。由瓶盖和瓶身两部分组成。瓶盖方唇，直口，平沿微卷，盖面鼓，顶部置一纽。瓶身方唇，直口，短束颈，肩腹部呈上下多级，扁圆腹，圈足。灰胎。青釉。全器满施釉，瓶身口沿及外底部露胎无釉。

标本000077：失盖。瓶身肩腹部呈上下三级，于第三级上置六个圆形管，残。第三级上饰仰莲瓣纹双圈，填以篦纹。胎质较粗。高17.8厘米。（图一三：1）

标本000242：瓶盖原有一纽，今已不存。瓶身肩腹部呈上下六级，于第三级上置六个圆管，残。第六级上饰凹弦纹一圈，下饰仰莲瓣纹，内填以直条状篦纹。胎质较粗。青釉泛黄，有开片。通高23厘米。（图一三：2）

2. 五管瓶

30件。由瓶盖和瓶身两部分组成。瓶盖方唇，直口，盖面鼓，顶部中心置一纽。以纽为中心饰折扇纹。瓶身方唇，直口，短束颈，肩腹部呈上下多级，置五管，扁圆腹，圈足。肩腹部分级饰花卉纹饰。灰胎，胎质较粗。青釉。全器满施釉，瓶盖口沿、瓶身口沿及外底部露胎无釉。

标本000013：瓶盖花边形口沿，顶部中心置一葫芦形纽。瓶身肩腹部呈上下六级，于第二级上置五个多棱形管，残。第三级上饰折扇纹。局部剥釉。瓶盖口沿处有支烧痕迹。通高30.2厘米。（图一三：3）

标本000014：瓶盖平沿，顶部中心置一鸡形纽。瓶身肩腹部呈上下四级，于第三级上置五个叶形管。第一至四级上依次饰折扇纹、交错直线纹、覆莲瓣纹、花卉纹及仰莲瓣纹四层，填以篦纹。青黄釉，有开片。瓶盖内部露胎无釉。通高31.6厘米。（图一三：4）

标本000015：瓶盖平沿，顶部中心置一犬形纽。瓶身肩腹部呈上下五级，于第三级上置五个叶形管。第一至五级上依次饰折扇纹、折扇纹、交错直线纹、覆莲瓣纹、仰莲瓣纹四层，填以篦纹。青黄釉，满开片。瓶盖内部露胎无釉。通高30.1厘米。（图一四：1）

标本000020：瓶盖花边形口沿，顶部中心置一花蕾形纽。瓶身口部有修复，肩腹部呈上下四级，于第三级上置五个圆管。第一至四级上依次饰覆莲瓣纹、折扇纹、折扇纹、缠枝花卉，填以篦纹。青黄釉，布满开片。瓶盖内部露胎无釉。通高29.1厘米。（图一四：2）

标本000022：瓶盖残，平沿，顶部中心置一葫芦形纽。瓶身肩腹部呈上下五级，于第二级上置五圆管，残。第一至四级上饰简单花卉纹，第五级上饰仰莲瓣纹，内填以直条状篦纹。胎质较细。有开片。通高29厘米。（图一四：3）

标本000026：瓶盖平沿，顶部中心置一葫芦形纽。瓶身肩腹部呈上下五级，于第二级上置五个圆管，残。第一至五级上饰覆莲瓣纹、如意纹、交错直线纹、交错直线纹、仰莲瓣纹，填以篦纹。有开片。通高27.5厘米。（图一五：1）

标本000078：瓶盖平沿，顶部中心置一葫芦形纽。素面。瓶身肩腹部呈上下五级，于第二级上置五个圆管。腹素面。生烧，灰黄胎，胎质较粗。黄釉，有开片及剥釉现象。瓶盖内部露胎无釉。通高27厘米。（图一五：2）

标本000079：瓶盖平沿，顶部中心置一葫芦形纽。素面。瓶身肩腹部呈上下五级，于第二级上置五个圆管。第一至四级上饰折扇纹，第五级上饰仰莲瓣纹双圈，填以篦纹。生烧，灰黄胎，胎质较粗。黄釉，有剥釉现象。瓶盖内部露胎无釉，内有墨书"庚戌十二月十一日太原王记"款。通高29.2厘米。（图一五：3）

标本000243：瓶盖花边形平沿，顶部中心置一纽。以纽为中心饰弦纹三圈，外饰五片花卉纹，填以篦纹。瓶身肩腹部呈上下四级，于第一级上置五个圆管。第二、三级上饰花卉纹，第四级上饰仰莲瓣纹，内填以直条状篦纹。青釉泛黄，有开片。通高23.8厘米。（图一五：4）

标本000246：瓶盖平沿微翘，顶部中心置一葫芦形纽。瓶身肩腹部呈上下五级，于第二级上置五个小圆管。第一至四级依次饰团状花卉、团状花卉、花卉、仰莲瓣纹，填以篦纹。满布开片。通高32厘米。（图一六：1）

标本000247：瓶盖顶部中心置一山形纽。以纽为中心依次饰群山纹饰、凹弦纹、草叶纹、镂孔花卉纹、凹弦纹。瓶身肩腹部呈上下五级，于第二级上置五个圆管。第三至五级上依次饰折扇纹、折扇纹、交错直线纹。青黄釉。通高30.1厘米。（图一六：2）

标本000411：瓶盖平沿微卷，顶部中心置一纽，今已不存。以纽为中心饰覆莲瓣纹。瓶身肩腹部呈上下四级，于第二级上置五个多棱形管。第一至四级上依次饰折扇纹、覆莲瓣纹、仰莲瓣纹、仰莲瓣纹，内填以直条状篦纹。青黄釉。通高28.5厘米。（图一六：3）

标本000439：失盖。瓶身肩腹部呈上下五级，于第二级上置五个圆管。第二至五级上饰仰莲瓣纹，内填以直条状篦纹。较多开片。高19.6厘米。（图一六：4）

标本000476：瓶盖残，平沿，顶部中心置一葫芦形纽。瓶身腹部有裂纹，肩腹部呈上下五级，于第二级上置五圆形管，残。第一至四级上饰折扇纹，第五级上饰仰莲瓣纹双层，内填以直条状篦纹。通高29.1厘米。（图一七：1）

标本000478：失盖。瓶身肩腹部呈上下六级，于第二级上置五个多棱形管。第二至六级上饰仰莲瓣纹。生烧。青黄釉，有剥釉现象。高21.6厘米。（图一七：2）

标本000480：瓶盖平沿，顶部中心置一花蕾形纽。以纽为中心饰覆莲瓣纹。瓶身肩腹部呈上下四级，于第二级上置五个多棱形管，残。第二至四级依次饰仰莲瓣纹、仰莲瓣纹、折扇纹。有剥釉现象。通高27厘米。（图一七：3）

标本000485：失盖。瓶身肩腹部呈上下四级，于第二级上置五个圆管。第二

至四级上依次饰交错直线纹、仰莲瓣纹、折扇纹。有剥釉现象。高21.4厘米。（图一七：4）

标本000487：失盖。瓶身肩腹部呈上下四级，于第二级上置五个圆管。第一至四级上依次饰覆莲瓣纹、折扇纹、折扇纹、仰莲瓣纹，内填以直条状篦纹。生烧，灰黄胎。青黄釉，有剥釉现象。高21.4厘米。（图一八：1）

标本000503：失盖。有修复。瓶身肩腹部呈上下五级，于第一级上置五个圆管，残。颈部凹弦纹双圈，腹部第一至四级上依次饰曲线纹、仰莲瓣纹、仰莲瓣纹、仰莲瓣纹，内填以直条状篦纹。高22.2厘米。（图一八：2）

标本000505：残。瓶盖平沿，顶部中心置一葫芦形纽。瓶身肩腹部呈上下五级，于第二级上置五个多棱形管。第一至五级依次饰折扇纹、折扇纹、折扇纹、折扇纹、仰莲瓣纹双层，内填以直条状篦纹。生烧，黄胎。青黄釉，剥釉现象严重。瓶盖内露胎无釉。通高35.2厘米。（图一八：3）

标本000577：瓶盖平沿微卷，顶部中心置一宝塔形纽。瓶身肩腹部呈上下五级，于第三级上置五个多棱形管。第一至五级依次饰折扇纹、折扇纹、仰莲瓣纹、仰莲瓣纹、仰莲瓣纹双层，内填以直条状篦纹。通高29厘米。（图一八：4）

标本000646：失盖。瓶身肩腹部有裂纹，肩腹部呈上下五级，于第二级上置五个圆形管。第一至五级依次饰仰莲瓣纹、花草纹、仰莲瓣纹、花草纹、仰莲瓣纹，内填以直条状篦纹。局部青黄釉。高23.3厘米。（图一九：1）

标本000647：瓶盖平沿微卷，顶部中心置一葫芦形纽。瓶身肩腹部呈上下五级，于第二级上置五个圆形管。第一至五级依次饰折扇纹、折扇纹、折扇纹、折扇纹、仰莲瓣纹双层，内填以直条状篦纹。通高27.9厘米。（图一九：2）

标本000648：失盖。瓶身肩腹部呈上下五级，于第三级上置五个圆形管，残。第三至五级依次饰交错直线纹、交错直线纹、仰莲瓣纹，内填以直条状篦纹。高22厘米。（图一九：3）

标本000649：失盖。瓶身肩腹部呈上下五级，于第三级上置五个圆形管，残。素面。满布开片。高23.2厘米。（图一九：4）

标本000650：失盖。瓶身肩腹部呈上下五级，于第二级上置五个多棱形管，残。第二至四级上饰折扇纹。生烧，黄胎。黄釉，剥釉现象严重。高22.4厘米。（图二〇：1）

标本002809：瓶盖残，平沿微卷，顶部中心置一宝珠形纽。以纽为中心饰覆莲瓣纹，填以篦纹。瓶身肩腹部呈上下六级，于第一级上置五个圆形管。第一至六级依次饰草率刻划纹、交错直线纹、仰莲瓣纹、波浪纹、交错直线纹、仰莲瓣纹。青黄釉。瓶盖内墨书"张氏五娘五谷仓柜上应天宫下应地中荫子益孙长命富贵"。通高30.5

厘米。（图二〇：2）

标本003081：瓶盖平沿，顶部中心置一花蕾形纽。瓶身肩腹部呈上下五级，于第三级上置五个圆形管。第一级上饰凹弦纹两圈，第二至五级均饰双线仰莲瓣纹，内填以直条状篦纹。通高28.5厘米。（图二〇：3）

标本003425：瓶盖平沿微卷，顶部中心置一葫芦形纽。瓶身肩腹部呈上下四级，于第三级上置五个圆形管。第一至四级上依次饰折扇纹、仰莲瓣纹、折扇纹、缠枝花卉纹，内填以直条状篦纹。通高29.2厘米。（图二〇：4）

标本003438：失盖。残。瓶身肩腹部呈上下五级，于第三级上置五个多棱形管，残。第三至五级上依次饰折扇纹、交错直线纹、弦纹多圈及仰莲瓣纹，内填以直条状篦纹。高20.6厘米。（图二一：1）

3. 四管瓶

1件。

标本003433：瓶盖方唇，直口，平沿，盖面鼓，顶部中心置一葫芦形纽。以纽为中心饰覆折扇纹。瓶身方唇，直口，短束颈，肩腹部呈上下五级，于第四级上置五个多棱形管，扁圆腹，圈足。第一至四级上饰交错直线纹，第五级上饰仰莲瓣纹双层，内填以直条状篦纹。灰胎，胎质较粗。青釉。全器满施釉，瓶盖内部、瓶身口沿处及外底部露胎无釉。通高26.9厘米。（图二一：2）

4. 盘口瓶

16件。由瓶盖和瓶身两部分组成。瓶盖方唇，直口，盖面鼓，顶部中心置一纽。瓶身方唇，盘口，束颈，丰肩，扁圆腹，圈足。灰胎，胎质较粗。青釉。全器满施釉，瓶盖内部、瓶身口沿及外底部露胎无釉。

标本000019：瓶盖花边形口沿，顶部中心置一葫芦形纽。以纽为中心饰仰莲瓣纹。瓶身上腹饰花叶纹，填以篦纹；下腹饰仰莲瓣纹。生烧，灰黄胎，胎质粗。青黄釉，有剥釉现象。瓶盖及瓶身口沿处有支烧痕迹。通高29.3厘米。（图二一：3）

标本000028：瓶盖平沿，顶部中心置一宝珠形纽。以纽为中心饰覆莲瓣纹，内填以直条状篦纹。瓶身肩部饰凸弦纹三圈，下饰覆莲瓣纹、草叶纹、仰莲瓣纹双层，内填以直条状篦纹。通高29厘米。（图二一：4）

标本000029：瓶盖平沿，顶部中心置一花蕾形纽。以纽为中心饰覆莲瓣纹。瓶身肩部对称置双系，外腹呈上下五级。第一至四级上饰覆莲瓣纹，第五级上饰折扇纹。通高31.7厘米。（图二二：1）

标本000033：失盖。瓶身颈部饰凹弦纹三圈，肩腹相交处饰凸弦纹一圈，腹部以凸棱分为六个等大的区域，内各饰一片花卉纹，填以篦纹。据档案记载，该件器物1977年出土于北宋元丰年间墓葬。高22.4厘米。（图二二：2）

标本000084：瓶盖有修复，平沿，顶部中心置一宝珠形纽。以纽为中心饰覆莲瓣纹，内填以直条状篦纹。瓶身肩部饰凸弦纹三圈，下饰缠枝花卉纹、仰莲瓣纹，内填以直条状篦纹。青黄釉，较多开片。通高29.7厘米。（图二二：3）

标本000249：瓶盖平沿，顶部中心置一宝珠形纽。以纽为中心饰覆莲瓣纹，内填以直条状篦纹。瓶身颈部饰凸弦纹双圈，肩部饰凸弦纹一圈，腹部以凸棱分为六个等大的区域，内各饰一片花卉纹，填以篦纹。灰黄胎。青黄釉，布满开片。通高28.4厘米。（图二二：4）

标本000259：瓶盖平沿，顶部中心置一宝珠形纽。以纽为中心饰凸弦纹多圈。瓶身肩部饰凸弦纹双圈，上腹部饰花草纹，下腹部饰仰莲瓣纹，内填以直条状篦纹。生烧，灰黄胎。青釉泛黄，较多开片，局部剥釉现象严重。通高27厘米。（图二三：1）

标本000418：失盖。瓶身肩部对称置双系，残。肩腹部呈上下五级。第二至五级各以双凸棱分为若干个等大的区域，内素面。生烧，灰黄胎。黄釉，有剥釉现象。高25.9厘米。（图二三：2）

标本000435：失盖。瓶身肩部有裂纹，圈足微残。肩腹相交处饰凹弦纹一圈，下饰仰莲瓣纹，内填以直条状篦纹，下腹近足处饰凹弦纹一圈，其下饰仰莲瓣纹，内填以直条状篦纹。青釉泛黄，满布开片。高17.6厘米。（图二三：3）

标本000436：失盖。瓶身口部残。肩部饰凸弦纹双圈，腹部以凸棱分为五个等大的区域，内饰一片花卉纹，填以篦纹。青釉泛黄。高25.3厘米。（图二三：4）

标本000462：有修复。瓶盖平沿，顶部中心置一宝珠形高纽。瓶身颈部饰凹弦纹多圈，腹素面。较多开片。通高30.6厘米。（图二四：1）

标本000496：失盖。瓶身口部修复。肩部饰凸弦纹双圈，腹部以凸棱分为五个等大的区域，内各饰一片花卉纹，填以篦纹。青釉泛黄，有剥釉现象。高23.2厘米。（图二四：2）

标本000497：瓶盖平沿，顶部中心置一纽，残。瓶身肩部对称置双系，腹部呈瓜棱状，有裂痕。颈部饰凹弦纹多圈，腹素面。较多开片。通高27.3厘米。（图二四：3）

标本000509：失盖。瓶身肩部对称置双系。腹部饰折扇纹。高24.8厘米。（图二四：4）

标本000532：失盖。瓶身颈部饰凹弦纹多圈，肩部饰凹弦纹一圈，下腹饰凹弦纹双圈，下饰仰莲瓣纹，内填以直条状篦纹。青釉泛黄。高19.2厘米。（图二五：1）

标本003427：有裂纹。瓶盖平沿微卷，顶部中心置一宝珠形纽。以纽为中心饰折扇纹。瓶身颈肩相交处饰凹弦纹一圈，肩部饰覆莲瓣纹，内填以直条状篦纹；肩腹相交处饰凹弦纹一圈，腹部以凸棱将分为六个等大的区域，内饰花卉纹，填以篦纹。通高 27 厘米。（图二五：2）

5. 执壶

2 件。根据口部特征的不同，分为两类。

第一类　1 件。

标本 000011：失盖。壶方唇，直口，短颈，瓜棱形深腹，上腹对称置曲流、曲柄，平底。腹部以白痕凸棱分为六个区域，内饰荷花荷叶纹。灰胎，胎质较细。青釉。全器满施釉，瓶身口沿及外底部露胎无釉。高 16.5 厘米。（图二五：3）

第二类　1 件。

标本 000035：失盖。壶方唇，直口，长束颈，丰肩，肩部对称置长曲流、三泥条曲柄，扁圆腹，圈足残。颈部饰凸弦纹三圈，肩部饰凹弦纹多圈，腹部以凸棱分为六个等大的区域，内饰花卉纹，填以篦纹。灰胎，胎质粗。青黄釉，布满小开片。全器满施釉，瓶身口沿及外底部露胎无釉。高 15 厘米。（图二五：4）

6. 盖罐

4 件。由罐盖和罐身两部分组成。子母口。罐盖方唇，直口，平沿，盖面平。罐身方唇，直口，短颈，平底。灰胎，胎质较细。青釉。全器满施釉，瓶盖口沿、瓶身口沿及外底部露胎无釉。

标本 000006：盖面中心饰圆圈纹，绕中心饰多片草叶纹，填以篦纹。罐身，溜肩，扁圆腹。肩腹相交处凸饰弦纹一圈，下饰仰莲瓣纹，内填以直条状篦纹。有开片。罐盖内部露胎无釉。通高 6.4 厘米。（图二六：1）

标本 000040：盖面绕盖心饰四片草叶纹，填以篦纹。罐身折肩，折腹，上腹竖直，下腹平收。肩部饰凹弦纹一圈。腹部饰仰莲瓣纹，内填以直条状篦纹。通高 6 厘米。（图二六：2）

标本 002669：盖面中心饰小圆圈，周围满饰草叶纹，填以篦纹。罐身圆折肩，扁圆腹。腹部饰仰莲瓣纹，内填以直条状篦纹。通高 4.8 厘米。（图二六：3）

标本 002748：盖面满饰草叶纹，填以篦纹。罐身溜肩，扁圆腹。肩腹相交处饰凹弦纹一圈，下素面。较多开片。通高 6 厘米。（图二六：4）

7. 瓶

5 件。根据整体特征的不同，分为三类。

第一类　3 件。梅瓶。圆唇，侈口或直口，短束颈，丰肩，扁圆腹，圈足。灰胎，胎质粗。青釉泛黄，局部剥釉现象严重。全器满施釉，唯外底部露胎无釉。

标本 000025：侈口，口部微残，深腹。肩部饰折扇纹，肩腹相交处饰凸弦纹一圈，

下饰团状花卉纹两层，下腹部饰仰莲瓣纹三层，内填以直条状篦纹。高21厘米。（图二七：1）

标本000250：尖圆唇，直口。肩腹相交处饰凸弦纹一圈，下饰团状花卉纹及凹弦纹一圈，下腹部饰仰莲瓣纹，内填以直条状篦纹。布满开片。高15.4厘米。（图二七：2）

标本003102：圆唇，直口，深腹。肩腹相交处饰凹弦纹一圈，下饰覆莲瓣纹，内填以直条状篦纹；上腹部饰凹弦纹双圈，其间满饰草叶纹，填以篦纹；下腹部饰仰莲瓣纹，内填以直条状篦纹。布满开片。高36.1厘米。（图二七：3）

第二类　1件。折肩瓶。

标本000024：圆唇，敞口，口部有修复，束颈较长，折肩，扁圆腹，高圈足外撇。颈部饰凹弦纹多圈；肩部饰宽篦纹；上腹部饰团状花卉纹饰，填以篦纹；下腹部饰凹弦纹一圈，下饰仰莲瓣纹，内填以直条状篦纹；圈足处饰凹弦纹一圈。灰胎，胎质较细。青釉。全器满施釉，唯外底部露胎无釉。高17.8厘米。（图二八：1）

第三类　1件。

标本001083：方唇，直口，短束颈，溜肩，扁圆腹较深，圈足。腹部饰仰莲瓣纹三层，内填以直条状篦纹。生烧，黄胎，胎质粗。黄釉。全器满施釉，唯外底部露胎无釉。高14.8厘米。（图二八：2）

8. 炉

2件。奁式炉。圆唇，敛口，折腹，上腹竖直，下腹平收，饼足，下腹部承接三兽足。外腹饰海水、山川纹样。灰胎，胎质较细。青釉。全器满施釉，外底部露胎无釉。

标本001052：青釉泛黄。高7.8厘米。（图二八：3）

标本001073：足残。高6厘米。（图二八：4）

9. 粉盒

1件。

标本000039：由盒盖和盒身两部分组成。局部残。子母口。盒盖方唇，直口，盖面平。盖面满饰花卉纹，空间处填以篦点纹，口沿处填以篦纹。盒身方唇，直口，折腹，上腹斜直，下腹折收，平底微内凹。灰胎，胎质较细。青釉。全器满施釉，瓶盖口沿、瓶身口沿及外底部露胎无釉。通高3.7厘米。（图二九：1）

10. 碗

5件。均为敞口碗。根据腹部特征的不同，分为两小类。

第一小类　2件。圆唇，敞口，斜曲腹，圈足。外腹口沿下饰弦纹一圈，下饰折扇纹；内腹口沿下饰弦纹一圈，下饰花卉纹或素面；内心饰弦纹一圈，内素面。灰胎，胎质较粗。青釉。全器满施釉，外底部露胎无釉。

标本000141：口部有裂痕。内腹满饰团状花卉纹饰，填以篦点纹。青釉泛黄。高6.8厘米。（图二九：2）

标本000147：内腹素面。青黄釉。高6.8厘米。（图二九：3）

第二小类　3件。圆唇，敞口，上腹斜直，下腹斜曲，圈足。外腹口沿下饰弦纹一圈，下饰折扇纹或仰莲瓣纹；内腹素面或饰蕉叶纹；内心饰弦纹一圈，内素面。灰胎。青釉。全器满施釉，唯外底部露胎无釉。

标本000146：外腹饰折扇纹，内腹素面。胎质较粗，青釉泛黄。外底部墨书"置"字款。高5.2厘米。（图二九：4）

标本003390：外腹饰仰莲瓣纹，内填以直条状篦纹；内腹饰四片蕉叶纹，填以篦纹。胎质较细。有开片。高5.8厘米。（图二九：5）

标本003404：外腹饰仰莲瓣纹，内填以直条状篦纹；内腹饰四片蕉叶纹，填以篦纹。胎质较细。满布开片。高6.2厘米。（图二九：6）

11. 盘

5件。均为敞口盘。根据腹部和足部特征的不同，分为两小类。

第一小类　3件。圆唇，敞口，折腹，上腹斜直，下腹斜收，平底微内凹。外腹素面；内腹素面；内心饰弦纹一圈，内满饰花卉纹，填以篦纹。灰胎，胎质较细。青釉，有开片。全器满施釉，唯外底部露胎无釉。

标本000007：青釉。高2.8厘米。（图三〇：1）

标本000069：青釉泛黄。高2.8厘米。（图三〇：2）

标本000597：青釉泛黄。高3.4厘米。（图三〇：3）

第二小类　2件。圆唇，敞口，斜曲腹，圈足。外腹素面或饰折扇纹；内腹饰花卉纹；内心饰弦纹一圈，内饰花卉纹。灰胎，胎质较细。青黄釉。全器满施釉，外底部露胎无釉。

标本003208：外腹素面；内腹饰六片蕉叶纹，填以篦纹；内心饰一朵花卉纹，空间处填以篦纹。高3.4厘米。（图三〇：4）

标本003410：外腹饰折扇纹；内腹口沿下饰弦纹双圈，下满饰花卉纹；内心饰一草叶纹。满布开片。高4.9厘米。（图三〇：5）

12. 杯

1件。

标本003385：有修复。圆唇，直口，折腹，上腹竖直，下腹平收，圈足。外腹口沿下饰凹弦纹一圈，下饰交错直线纹。灰黄胎，胎质粗。青釉，局部剥釉。全器满施釉，外底部露胎无釉。内心粘连一件泥质垫饼。高7厘米。（图三〇：6）

三　小结

以上我们将龙泉市博物馆馆藏的 120 件北宋时期龙泉窑产品进行了详细介绍，可以看到该馆馆藏北宋龙泉窑器类十分丰富且数量很多。具体言之，北宋中晚期淡青釉产品有六管瓶、五管瓶、盘口瓶、执壶、罐、瓶和盏托，共计 45 件；北宋末期翠青釉产品有六管瓶、五管瓶、四管瓶、盘口瓶、执壶、盖罐、瓶、炉、粉盒、碗、孔明碗、盘和杯，共计 75 件。我们认为，这应该与当地葬俗以及龙泉市处于龙泉窑中心产地等因素有直接关系。

（谢西营、郑建明协助整理）

1. 标本 000003（五管瓶）

2. 标本 000008（五管瓶）

3. 标本 000440（五管瓶）

4. 标本 001804（五管瓶）

图一　淡青釉产品

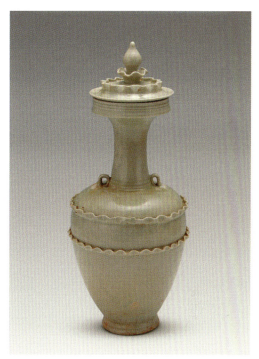

1. 标本 003082（五管瓶）　　　　　　　　2. 标本 000001（盘口瓶）

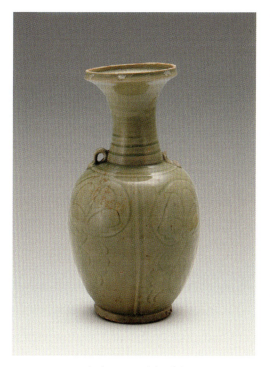
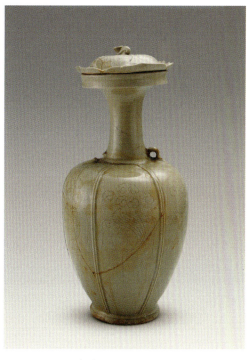

3. 标本 000012（盘口瓶）　　　　　　　　4. 标本 000021（盘口瓶）

图二　淡青釉产品

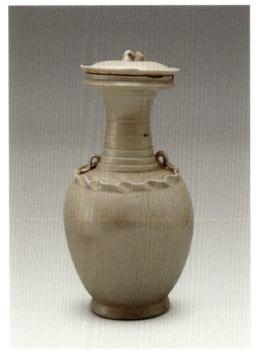

1. 标本 000032（盘口瓶）

2. 标本 000041（盘口瓶）

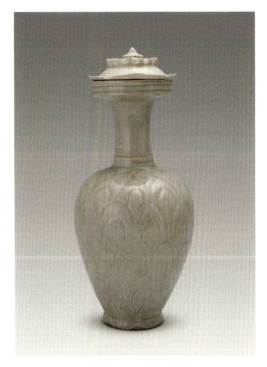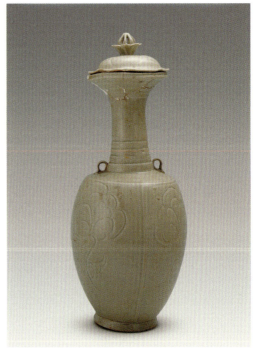

3. 标本 000087（盘口瓶）

4. 标本 000236（盘口瓶）

图三　淡青釉产品

1. 标本 000237（盘口瓶）

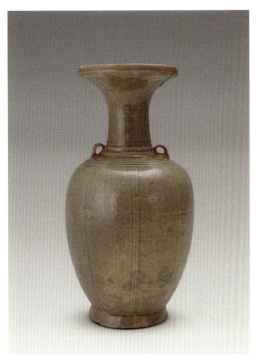

2. 标本 000499（盘口瓶）

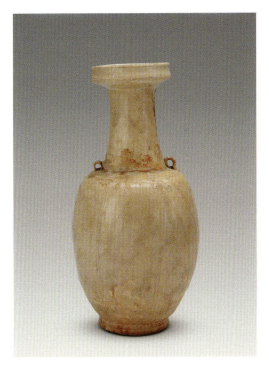

3. 标本 000508（盘口瓶）

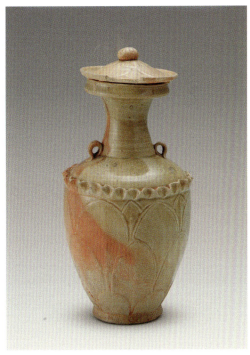

4. 标本 000522（盘口瓶）

图四　淡青釉产品

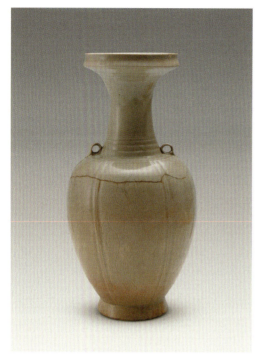

1. 标本 003077（盘口瓶）

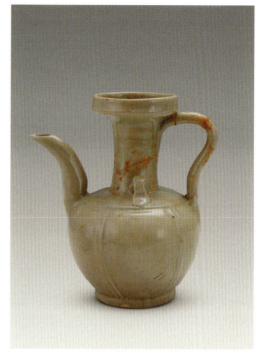

2. 标本 000030（执壶）

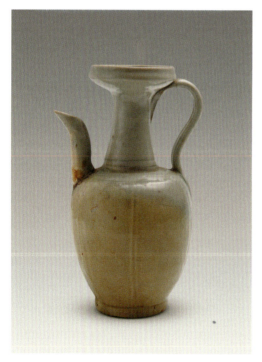

3. 标本 000253（执壶）

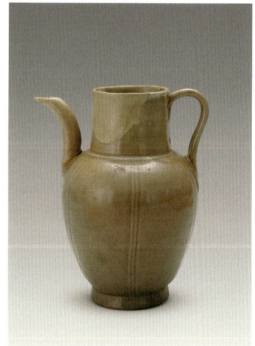

4. 标本 003386（执壶）

图五　淡青釉产品

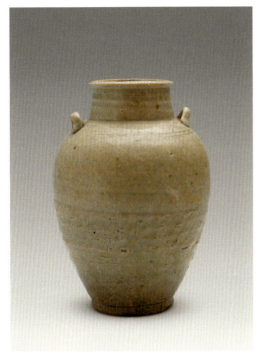

1. 标本 000579（罐）

2. 标本 000498（瓶）

3. 标本 000016（盏托）

4. 标本 000017（盏托）

图六　淡青釉产品

1. 标本 000004（六管瓶）

2. 标本 000009（五管瓶）

3. 标本 000245（五管瓶）

4. 标本 000415（五管瓶）

图七　淡青釉产品

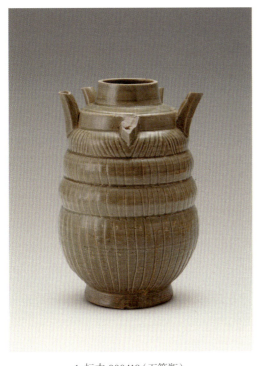

1. 标本 000419（五管瓶）

2. 标本 000500（五管瓶）

3. 标本 000502（五管瓶）

4. 标本 001803（五管瓶）

图八　淡青釉产品

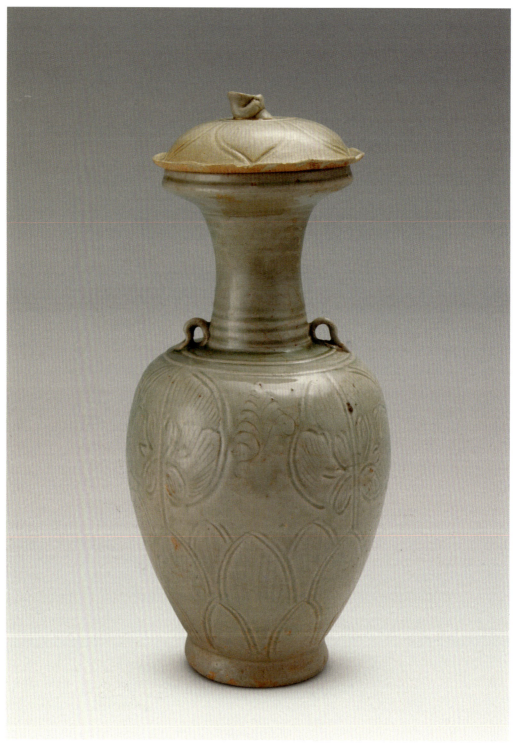

标本 000005（盘口瓶）

图九　淡青釉产品

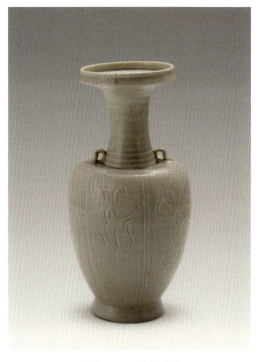

1. 标本 000036（盘口瓶）

2. 标本 000080（盘口瓶）

3. 标本 000083（盘口瓶）

4. 标本 000248（盘口瓶）

图一〇　淡青釉产品

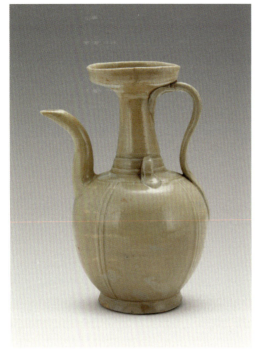

1. 标本 000002（执壶）

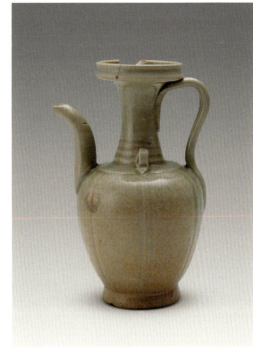

2. 标本 000313（执壶）

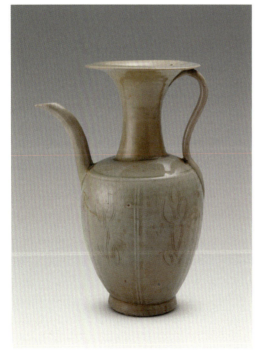

3. 标本 003435（执壶）

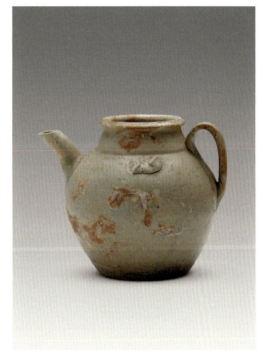

4. 标本 000540（执壶）

图一一　淡青釉产品

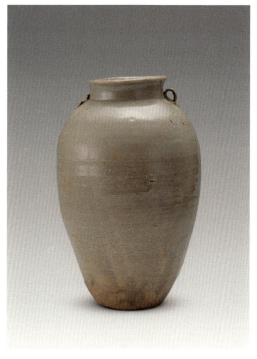

1. 标本 000037（罐）

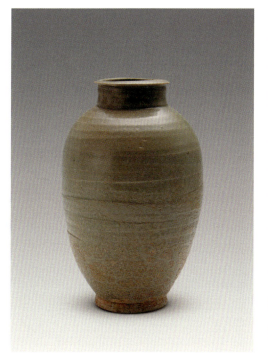

2. 标本 000238（罐）

3. 标本 000239（瓶）

4. 标本 000241（瓶）

图一二　淡青釉产品

1. 标本 000077（六管瓶）

2. 标本 000242（六管瓶）

3. 标本 000013（五管瓶）

4. 标本 000014（五管瓶）

图一三　翠青釉产品

2. 标本 000020（五管瓶）

1. 标本 000015（五管瓶）

3. 标本 000022（五管瓶）

图一四　翠青釉产品

1. 标本 000026（五管瓶）

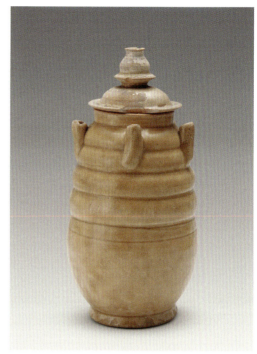

2. 标本 000078（五管瓶）

3. 标本 000079（五管瓶）

4. 标本 000243（五管瓶）

图一五　翠青釉产品

1. 标本 000246（五管瓶）

2. 标本 000247（五管瓶）

3. 标本 000411（五管瓶）

4. 标本 000439（五管瓶）

图一六　翠青釉产品

1. 标本 000476（五管瓶）

2. 标本 000478（五管瓶）

3. 标本 000480（五管瓶）

4. 标本 000485（五管瓶）

图一七　翠青釉产品

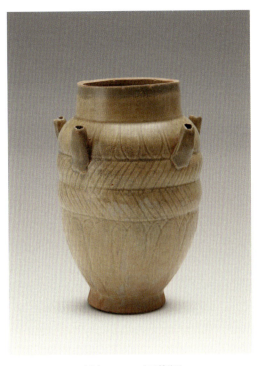

1. 标本 000487（五管瓶）

2. 标本 000503（五管瓶）

3. 标本 000505（五管瓶）

4. 标本 000577（五管瓶）

图一八　翠青釉产品

1. 标本 000646（五管瓶）

2. 标本 000647（五管瓶）

3. 标本 000648（五管瓶）

4. 标本 000649（五管瓶）

图一九　翠青釉产品

1. 标本 000650（五管瓶）   2. 标本 002809（五管瓶）

3. 标本 003081（五管瓶）   4. 标本 003425（五管瓶）

图二〇　翠青釉产品

1. 标本 003438（五管瓶）

2. 标本 003433（四管瓶）

3. 标本 000019（盘口瓶）

4. 标本 000028（盘口瓶）

图二一　翠青釉产品

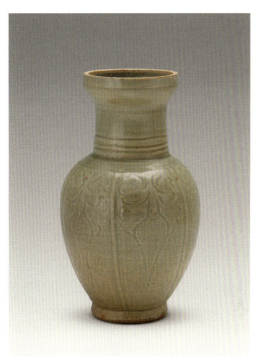

1. 标本 000029（盘口瓶）　　　　　　　　　　2. 标本 000033（盘口瓶）

3. 标本 000084（盘口瓶）　　　　　　　　　　4. 标本 000249（盘口瓶）

图二二　翠青釉产品

1. 标本 000259（盘口瓶）

2. 标本 000418（盘口瓶）

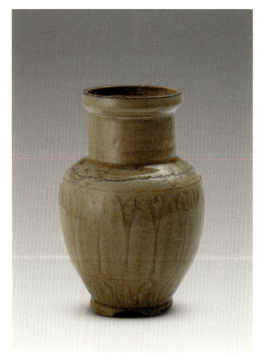

3. 标本 000435（盘口瓶）

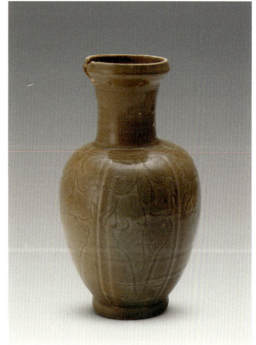

4. 标本 000436（盘口瓶）

图二三　翠青釉产品

1. 标本 000462（盘口瓶）

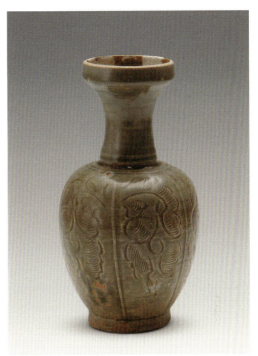

2. 标本 000496（盘口瓶）

3. 标本 000497（盘口瓶）

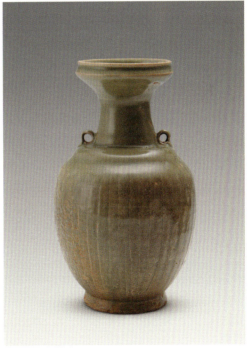

4. 标本 000509（盘口瓶）

图二四　翠青釉产品

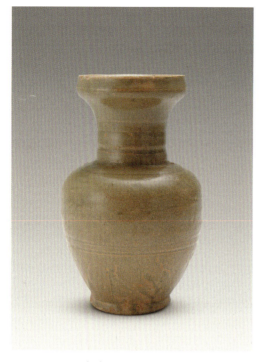

1. 标本 000532（盘口瓶）

2. 标本 003427（盘口瓶）

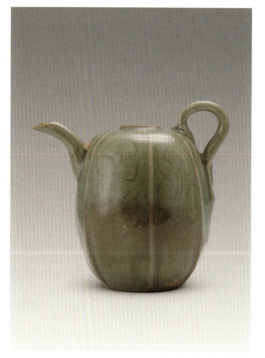

3. 标本 000011（执壶）

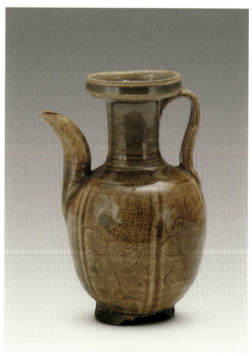

4. 标本 000035（执壶）

图二五　翠青釉产品

1. 标本 000006（盖罐）

2. 标本 000040（盖罐）

3. 标本 002669（盖罐）

4. 标本 002748（盖罐）

图二六　翠青釉产品

1. 标本 000025（瓶）

3. 标本 003102（瓶）

2. 标本 000250（瓶）

图二七　翠青釉产品

1. 标本 000024（瓶）

2. 标本 001083（瓶）

3. 标本 001052（炉）

4. 标本 001073（炉）

图二八　翠青釉产品

1. 标本 000039（粉盒）

2. 标本 000141（碗）

3. 标本 000147（碗）

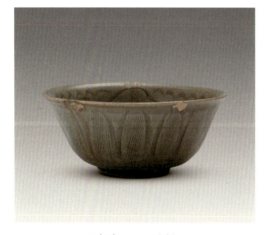

4. 标本 000146（碗）

5. 标本 003390（碗）

6. 标本 003404（碗）

图二九　翠青釉产品

1. 标本 000007（盘）

2. 标本 000069（盘）

3. 标本 000597（盘）

4. 标本 003208（盘）

5. 标本 003410（盘）

6. 标本 003385（杯）

图三〇　翠青釉产品

松阳县博物馆藏北宋龙泉窑瓷器概述

宋子军　王永球

（松阳县博物馆）

松阳县隶属于丽水市，位于浙江省西南部，东连丽水市莲都区，南接龙泉市、云和县，西北靠遂昌县，东北毗金华武义县。地理位置上属于浙西南山区，全境以中、低山丘陵为主，四面环山，中部盆地以其开阔平坦被称为"松古平原"，又称"松古盆地"。地势西北高，东南低。松阳县境内河流属于瓯江水系，主要有松荫溪和小港溪，分别自西北、西南蜿蜒流向东南。松阳县始建于东汉建安四年（199 年），属会稽郡，是丽水地区建置最早的县。

松阳县境内共发现窑址 3 处，分别位于赤寿乡界首村、择子山村、三都乡紫草村，时代分属唐至宋、宋、明清时期，其中尤以赤寿乡界首村东首的水井岭头窑址最为重要。该窑址烧制年代属于唐宋时期，是松阳县目前发现的最大的窑址，也是丽水地区仅知的 3 处唐代窑址之一。其制作工艺总体较为粗糙，但也有不少胎质细腻、釉色较好的产品，产品风格与婺州窑相近，多为素面，纹饰较为少见，对于研究本地区窑业的产生、发展具有一定的价值。

现就松阳县博物馆馆藏的 30 件北宋（含南宋初）龙泉窑瓷器予以介绍。

一　北宋中晚期产品——淡青釉产品

（一）早期淡青釉产品

以装烧方法不同分为两类，一类为满釉垫圈垫烧，产品种类有碗和小盏；一类为半釉叠烧，产品种类有盘。

1. 满釉垫圈垫烧

碗

4 件。均为敞口碗。依据腹部的不同，大致可以分为 a、b 两小类。

a 类　3 件。圆唇，敞口，斜曲腹，圈足。内外腹均素面；内心饰弦纹一圈，内素面或有花卉纹饰。灰胎，胎质较细。淡青釉，个别有开片。通体施釉，外底部残留有垫圈支烧痕迹。

标本0472：内心饰花卉纹。口径12.0、足径4.9、高4.3厘米。（图一：1）

标本0476：内心饰花卉纹。口沿部位有剥釉现象。口径12.7、足径4.3、高4.0厘米。（图一：2）

标本0477：内心饰花卉纹。口沿部位有剥釉现象。口径12.2、足径4.2、高4.3厘米。（图二：1）

b类　1件。

标本0242：圆唇，敞口，上腹斜直，下腹斜曲，圈足。内外腹均素面；内心饰弦纹一圈，内素面。灰胎，胎质较细。淡青釉，有开片，有积釉现象。通体施釉，外底部残留有垫圈支烧痕迹。口径13.7、足径6.1、高6.7厘米。（图二：2）

小盏

标本0470：圆唇，敞口，花口，斜曲腹，圈足。外腹对应花口处有凹线纹；内腹对应花口处有凸线纹；内心饰弦纹一圈，内饰花卉纹。灰胎，胎质较细。淡青釉。通体施釉，外底部残留垫圈支烧痕迹。口径13.1、足径6.7、高6.7厘米。（图二：3）

2. 半釉叠烧

盘

标本0276：圆唇，敞口，斜曲腹，隐圈足。外腹有多圈平行弦纹；内腹素面；内心饰弦纹一圈，内素面。灰胎，胎质较粗。淡青釉，有积釉现象，口沿处有剥釉现象。施半釉至下腹，外底部露胎无釉。口径13.7、足径5.4、高2.9厘米。（图三：1）

（二）晚期淡青釉产品

垫饼垫烧，产品种类有小盏。

小盏

标本0211：圆唇，敞口，花口，上腹斜直，下腹斜收，圈足。外腹对应花口处有凹线纹；内腹对应花口处有凸线纹；内心饰弦纹一圈，内素面。灰胎，胎质较细。淡青釉，口沿处有剥釉现象。通体施釉，外底部露胎无釉。口径8.5、足径4.1、高4.4厘米。（图三：2）

二　北宋末期产品——翠青釉产品

产品种类有梅瓶、执壶、炉、粉盒、碗、盘。

梅瓶

标本 0095：圆唇，小平沿，短束颈，丰肩，茧形深腹，圈足。腹部以弦纹为界分为上中下三层，依次刻划覆莲瓣、缠枝花卉、仰莲瓣纹，填以篦纹。灰胎，胎质较细。青釉，玻璃质感较强。全器满施釉，外底部露胎无釉。口径 5.5、足径 9.4、高 35.0 厘米。（图四：1）

执壶

标本 1438：圆唇，敞口，口部微残，短束颈，圆丰肩，扁圆形深腹，肩部置曲流、牌饰、曲柄，两两对称，矮圈足。曲柄饰三道平行凹弦纹，牌饰上置叶脉状纹饰；腹部以瓜棱状白痕分为六个等大的区域，内满饰繁缛的花卉及卷草纹。灰白胎，胎质较粗。青釉。全器满施釉，外底部露胎无釉。口径 7.1、足径 7.8、高 18.0 厘米。（图四：2）

炉

标本 1439：圆唇，宽平折沿，直口，深直腹，圆形座，底足呈如意形。折沿处饰刻划卷草纹，底座处饰双线莲瓣纹，纹样较细。灰胎，胎质细。青釉。全器满施釉，口沿及外底部露胎无釉。外底部有"□戌"款，字迹草率。内口径 6.5、外口径 13.2、足径 11.2、高 7.0 厘米。（图四：3）

粉盒

标本 0358：由盒盖和盒身两部分组成，整体呈扁圆形。子母口。盒盖方唇，直口，盖面较平。顶部饰弦纹双圈，将其分为内外两个区域，内区饰花卉纹，填以篦点纹，外区饰草叶纹；盖内饰仙鹤、龟纹饰。盒身圆唇，直口，折腹，上腹竖直，下腹斜收，平底内凹。内外腹均素面，内置三个小盏。灰胎，胎质较细。青釉，开片。全器满施釉，盒盖口沿、盒身口沿及外底部露胎无釉。口径 12.3、足径 4.5、通高 4.0 厘米。（图五）

盘

4 件。均为敞口盘。圆唇，敞口，斜曲腹，圈足。外腹素面，个别有弦纹圈；内腹及内心饰花卉纹饰，填以篦纹。灰胎。青釉。全器满施釉，唯外底部露胎无釉。

标本 0805：内腹及内心饰四片团状花卉纹饰，填以篦纹。灰胎，胎质较细。青釉泛黄。口径 15.6、足径 4.5、高 4.0 厘米。（图六：1）

标本 1182：内腹口沿下饰弦纹一圈，下饰三片团状花卉纹，填以篦纹；内心饰小圆圈。灰胎。青釉微泛黄，开片。口径 13.9、足径 4.8、高 3.6 厘米。（图六：2）

标本 1436：内腹满饰团状花卉纹；内心饰弦纹一圈，内饰菊瓣纹。口径 18.6、足径 5.8、高 4.6 厘米。（图六：3）

标本 1437：外腹口沿下饰弦纹双圈；内腹满饰团状花卉纹；内心饰弦纹一圈，内饰菊瓣纹。口径 18.5、足径 6.1、高 4.3 厘米。（图七：1）

碗

15件。根据口部特征，大致可以分为敞口碗和直口碗两大类。

（1）敞口碗

14件。根据腹部特征的不同，又可以分为a、b、c三小类。

a类 4件。圆唇，敞口，上腹斜直，下腹斜曲，圈足。外腹饰莲瓣纹或折扇纹；内腹素面或饰花卉纹；内心饰弦纹一圈，内素面或饰花卉纹。灰胎。青釉。全器满施釉，外底部露胎无釉。

标本0121：圈足较高。外腹饰瓣面较宽的莲瓣纹，内填以直条状篦纹。青黄釉，布满细小开片。口径12.8、足径4.7、高5.8厘米。（图七：2）

标本0699：外腹口沿下饰弦纹一圈，下饰折扇纹。青釉泛黄。口径11.0、足径3.6高4.9厘米。（图七：3）

标本0516：圈足较高。外腹口沿下饰弦纹一圈，下饰折扇纹。青釉微泛黄，有开片。口径10.8、足径3.7、高5.2厘米。（图八：1）

标本0204：外腹口沿下饰弦纹一圈，下饰瓣面较宽的莲瓣纹，内填以直条状篦纹；内腹饰五片蕉叶纹，填以篦纹；内心饰弦纹一圈，内饰花卉纹。局部开片。口径12.1、足径4.1、高5.5厘米。（图八：2）

b类 7件。圆唇，敞口，斜曲腹，圈足。外腹饰折扇纹；内腹饰团状花卉纹；内心饰弦纹一圈，内素面或饰花卉纹。灰胎。青釉。全器满施釉，外底部露胎无釉。

标本0101：内腹口沿下饰弦纹一圈，下饰团状花卉纹，填以篦纹；内心素面。灰白胎，胎质较细。青黄釉。口径14.5、足径4.4、高5.9厘米。（图八：3）

标本0213：内腹饰团状花卉纹，填以篦点纹；内心素面。胎质较粗。青黄釉。口径14.5、足径4.1、高6.3厘米。（图九：1）

标本0800：内腹饰四片团状花卉纹，填以篦纹；内心素面。青釉微泛黄，开片。口径15.2、足径4.6、高6.9厘米。（图九：2）

标本0831：外腹口沿下饰弦纹一圈，下饰折扇纹；内腹满饰团状花卉纹，填以篦纹；内心素面。青灰釉。口径15.0、足径4.9、高7.0厘米。（图九：3）

标本0864：外腹口沿下饰弦纹一圈，下饰折扇纹；内腹满饰团状花卉纹；内心素面。黄釉。口径14.8、足径4.6、高6.6厘米。（图一〇：1）

标本1433：外腹口沿下饰弦纹一圈，下饰折扇纹；内腹满饰团状花卉纹，填以篦纹；内心饰花卉纹。有开片。口径18.1、足径5.5、高8.7厘米。（图一〇：2）

标本1417：外腹口沿下饰弦纹一圈，下饰折扇纹；内腹饰四片团状花卉纹，内填以篦纹；内心素面。灰黄胎，胎质较细。青黄釉，布满小开片。口径15.5、足径5.0、

高 7.3 厘米。（图一一：1）

c 类　3 件。又称"斗笠碗"。圆唇，敞口，斜直腹，圈足。外腹素面或饰折扇纹；内腹口沿下饰弦纹一圈，下素面或饰花卉纹；内心饰弦纹一圈，内素面。灰胎。青釉。全器满施釉，外底部露胎无釉。

标本 0348：外腹口沿下饰弦纹一圈，下饰折扇纹；内腹素面。灰胎，胎质较细。青釉，布满开片。口径 9.2、足径 3.1、高 4.2 厘米。（图一一：2）

标本 1331：外腹口沿下饰弦纹一圈，下素面；内腹满饰花卉纹，填以篦纹。内心有积釉现象。口径 11.5、足径 3.3、高 3.8 厘米。（图一二：1）

标本 0386：外腹素面；内腹饰螺旋状花卉纹，填以篦纹。灰黄胎，胎质较细。青黄釉。口径 12.1、足径 3.8、高 4.4 厘米。（图一二：2）

（2）直口碗

1 件。

标本 0770：圆唇，直口，上腹竖直，下腹斜曲，圈足较高。外腹饰多组团状花卉，填以篦纹；内腹及内心素面。灰胎。青釉。全器满施釉，外底部露胎无釉。口径 12.0、足径 4.8、高 6.8 厘米。（图一二：3）

三　小结

以上我们将松阳县博物馆馆藏的 30 件北宋时期龙泉窑产品进行了详细介绍，可以看到该馆馆藏北宋龙泉窑器类相对单调且数量较少。具体言之，北宋中晚期淡青釉产品有碗、盘、小盏，共计 7 件；北宋末期翠青釉产品有梅瓶、执壶、炉、粉盒、盘、碗，共计 23 件。馆藏的龙泉窑瓷器主要是一些日常生活用器，缺乏像五管瓶、盘口瓶等专门用于随葬的明器。我们推测，这应该与当地葬俗以及松阳县并不处于龙泉窑主产区而仅仅是产品输入地等因素有关。

（谢西营、郑建明协助整理）

2. 标本 0476（碗）

1. 标本 0472（碗）

图一　淡青釉产品

1. 标本 0477（碗）

2. 标本 0242（碗）

3. 标本 0470（小盏）

图二　淡青釉产品

1. 标本 0276（盘）

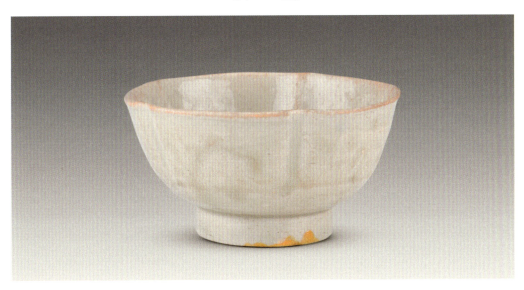

2. 标本 0211（小盏）

图三　淡青釉产品

1. 标本 0095（梅瓶）　　　　　　2. 标本 1438（执壶）

3. 标本 1439（炉）

图四　翠青釉产品

标本 0358（粉盒）

图五　翠青釉产品

1. 标本 0805（盘）

2. 标本 1182（盘）

3. 标本 1436（盘）

图六　翠青釉产品

1. 标本 1437（盘）

2. 标本 0121（碗）

3. 标本 0699（碗）

图七　翠青釉产品

1. 标本 0516（碗）

2. 标本 0204（碗）

3. 标本 0101（碗）

图八　翠青釉产品

1. 标本 0213（碗）

2. 标本 0800（碗）

3. 标本 0831（碗）

图九　翠青釉产品

1. 标本 0864（碗）

2. 标本 1433（碗）

图一〇　翠青釉产品

1. 标本 1417（碗）

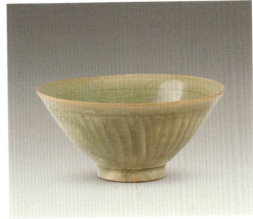

2. 标本 0348（碗）

图一一　翠青釉产品

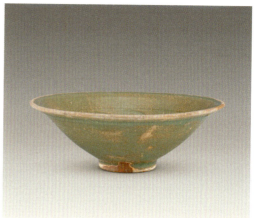

1. 标本 1331（碗）

2. 标本 0386（碗）

3. 标本 0770（碗）

图一二　翠青釉产品

庆元县廊桥博物馆藏北宋龙泉窑瓷器概述

吴魏魏　陈化成

（庆元县廊桥博物馆）

庆元县隶属于丽水市，位于浙江省西南部，北与本省的龙泉市和景宁畲族自治县接壤，东、南、西三面分别与福建的寿宁、松溪、政和三县交界。地理位置上属于浙西南山区，全境山岭连绵，群峰起伏，地势自东北向西南倾斜。北、东部为洞宫山脉，主峰百山祖为浙江省第二高峰；西南部和中部是仙霞岭—枫岭余脉，地势相对较低。境内素有"九山半水半分田"之说，是著名的香菇之乡与廊桥的重要分布地。

庆元作为瓯江、闽江、赛江三江之源，具有充沛的水资源，境内森林茂密，具备丰富的燃料资源，且分布着优质的瓷土矿。庆元位于浙闽赣交界，三省文化交流频繁。优越的自然、人文资源和独特的地理位置为庆元的制瓷业提供了得天独厚的条件，并由此开创了包括青瓷、黑釉瓷、青花瓷等品种在内的丰富多彩、独树一帜的庆元制瓷业，是浙江乃至全国古代制瓷业的重要组成部分。

庆元县烧制瓷器的历史始于唐代，竹口镇黄坛村的黄坛窑址是丽水地区最早的瓷窑址之一，其胎釉特征与晚期的龙泉窑有密切关系，对于研究龙泉窑瓷器的渊源、演变与发展具有重要的意义。两宋时期，竹口镇上垟等地制瓷技艺已完全成熟，迅速成为龙泉窑青瓷的生产中心之一。此外，南宋时期位于竹口镇竹上村的潘里垄窑址是浙江地区唯一专门烧制高质量黑釉瓷器的窑址，其制品与两宋时期建窑负有盛名的黑釉建盏类似。元明时期是庆元制瓷业的辉煌时期，受对外贸易发展的影响，庆元境内古代窑业生产亦达到了空前的规模，竹口镇成了这一时期新的制瓷中心。明代中后期竹口镇的竹口窑更是达到了鼎盛，竹口溪两岸"瓷窑林立，烟火相望"，规模庞大，产品种类丰富，制作技艺独树一帜。明代晚期龙泉窑虽然开始走向衰落，但是庆元依然窑火兴旺，从练泥碓沿竹口溪一直到新窑，林立着大小各异、品类不同的窑址，在民间有"十里窑厂"之称，并形成独具特色的"竹口窑"特征，即装饰繁缛而华丽、釉色匀润而厚重、种类丰富而多彩、器形复杂而多变，成为传统龙泉窑最后的辉煌。至清代，随着瓷业重心的转移和社会风尚的转变，龙泉窑系逐渐没落，但是庆元又孕育出了适应时代的青花瓷。黄田镇下济和淤上乡樟坑青花瓷窑址的青花瓷产品极大地丰富了庆元县乃至浙江省的瓷器种类，是整个社会瓷业生产转型的重要历史见证，对于研究清代浙江瓷器烧造技术和庆元民间艺术文化具有重要的参考价值。其中下济青花瓷窑址所生产的青花瓷在浙江省范围内都算是较为上乘的产品。

现就庆元县廊桥博物馆馆藏的 27 件北宋（含南宋初期）龙泉窑瓷器介绍如下。

一　北宋中晚期产品——淡青釉产品

（一）早期淡青釉产品

以装烧方法不同分为两类，一类为满釉垫圈垫烧，产品种类有六管瓶、五管瓶、单耳瓶、盘口瓶、小盖罐、盖罐、小杯、敞口碗；一类为半釉叠烧，产品种类有双耳瓶、敞口碗、花口碗。

1.满釉垫圈垫烧

六管瓶

标本 0263：由瓶盖和瓶身两部分组成。子母口。瓶盖圆唇，直口，荷叶状宽沿，顶部中心置一花蕾状纽，外依次饰凸雕覆荷花纹、细划纹饰。瓶身方唇，盘口，直口，束颈较长，丰肩，瓜棱形深腹，圈足。肩部对称置牌饰，上饰花卉纹，两两对称；以下饰凸弦纹双圈，内对称置六个多棱形管，两两对称；腹部以双凸棱分为四个等大的区域，内饰花卉纹，填以篦纹；以下置仰莲瓣纹一圈。灰白色胎，胎质较细。淡青釉。通体施釉，盖内壁、瓶内壁及外底足端露胎无釉。口径 10、足径 10.2、通高 33.5 厘米。该件器物与标本 0273、0319、0344、0345 为同一座墓葬所出，出土地点在大洋村附近。（图一）

五管瓶

标本 0048：失盖。方唇，直口，直颈，肩腹部呈上中下三级，自上而下逐级增大，于第二、三级相交处置五个六棱状管，圈足微外撇。肩腹部由上而下依次饰折扇纹、覆莲瓣纹两层、仰莲瓣纹四层；圈足外壁饰凹弦纹一圈。灰胎，胎质较细。淡青釉。通体施釉，唯外底足端露胎无釉。口径 6、足径 8.8、高 26.5 厘米。（图二：1）

单耳瓶

标本 0319：方唇，直口，短束颈，圆丰肩，肩部置一宽系，上饰凹弦纹一道，扁圆形深腹，圈足。肩腹相交处置一凸弦纹；腹部饰四层仰莲瓣纹，填以篦纹。灰胎，胎质较细。淡青釉泛黄。通体施釉，外底足端露胎无釉。口径 3.7、足径 4、高 13 厘米。

（图二：2）

盘口瓶

标本 0228：方唇，盘口，口沿处有修复，束颈较长，丰肩，瓜棱形深腹，圈足。肩部对称置两牌饰，上饰纹饰，以下饰凸弦纹一圈；腹部以双直棱分为六个等大的区域，内素面。灰胎，胎质较细。淡青釉。通体施釉。口径 11.4、足径 8.5、高 24.1 厘米。（图二：3）

小盖罐

标本 0589：由罐盖和罐身两部分组成。子母口。罐盖圆唇，直口，荷叶状宽沿，顶部中心置一纽，外饰四片草叶纹，填以篦纹。罐身方唇，直口，口残，短束颈，折肩，圆鼓腹，高圈足外撇，圈足残。罐身颈部饰刻划草叶纹；肩部满饰草叶纹，填以篦纹；腹部由上而下依次饰蕉叶纹、仰莲瓣纹，填以篦纹。灰胎，胎质较粗。淡青釉，有开片。通体施釉。口径 4、足径 6、通高 9.5 厘米。（图三：1）

盖罐

标本 0273：由罐盖和罐身两部分组成。子母口。器盖圆唇，直口，折沿，盖面置凸弦纹双圈，顶部置一如意形纽。罐身方唇，直口，短束颈，溜肩，肩部对称置四系，圆鼓腹较长，圈足。腹部饰三层仰莲瓣纹，内填以篦划纹。灰白胎，胎质较细。淡青釉微泛黄，有细密开片。通体施釉。盖内缘、口唇外底有泥点痕，系罐盖、罐身合烧。口径 6.8、足径 5.9、通高 13.5 厘米。（图三：2）

小杯

标本 0345：圆唇，直口，直腹微鼓，圈足。外腹口沿下饰凸弦纹双圈，下饰仰莲瓣纹，内填以篦纹；圈足外壁饰凹弦纹一圈。灰胎，胎质较粗。淡青釉，有开片。通体施釉，外底部有垫圈支烧痕迹。口径 7.1、足径 5.5、高 6.2 厘米。（图三：3）

敞口碗

标本 0344：圆唇，敞口，口沿处有修复，斜曲腹，圈足较高。外腹口沿下饰弦纹一圈，下满饰折扇纹；内腹口沿下饰弦纹双圈，下满饰折枝花卉纹，填以篦纹；内心饰弦纹一圈，内饰六片草叶纹，填以篦纹。灰白胎，胎质较细。淡青釉，有开片。通体施釉，外底部有垫圈支烧痕迹。口径 15.5、足径 7、高 7.4 厘米。（图四：1）

2. 半釉叠烧

敞口碗

标本 0312：圆唇，敞口，斜曲腹，圈足。内外腹均素面；内心饰弦纹一圈，内素面。灰白胎，胎质较细。淡青釉。施半釉，外施釉至下腹，外底部露胎无釉。口径 13.5、足径 5.2、高 5.6 厘米。（图四：2）

（二）晚期淡青釉产品

垫饼垫烧，产品种类有双耳瓶、花口盘、敞口盘。

双耳瓶

标本 0588：圆唇，直口，短束颈，丰肩，瓜棱形腹，圈足微外撇。肩部对称置双耳，肩腹相交处置凸弦纹一圈，腹部以三道凸棱分为若干个等大的区域，内饰花卉纹饰。灰白胎，胎质较细。淡青釉。通体施釉，外底部露胎无釉。口径 4.5、足径 9、高 29.5 厘米。（图四：3）

花口盘

标本 0315：圆唇，敞口，花口，斜曲腹，圈足。内外腹均素面；内心饰弦纹一圈，内素面。灰胎，胎质较细。淡青釉。通体施釉。外底部粘连一件泥质垫饼。口径 13.4、足径 4.5、高 3.8 厘米。（图五：1）

敞口盘

标本 0316：圆唇，敞口，斜曲腹，圈足。外腹素面；内腹口沿下饰弦纹一圈，下素面；内心饰弦纹一圈，内刻划草叶纹饰。灰胎，胎质较细。淡青釉。通体施釉，外底部露胎无釉。口径 15、足径 5.8、高 4 厘米。（图五：2）

二 北宋末期产品——翠青釉产品

产品种类有五管瓶、四管瓶、盘口瓶和碗。

五管瓶

4 件。由瓶盖和瓶身两部分组成，个别失盖。子母口。瓶盖方唇，直口，平沿，盖面鼓，顶部中心置一纽，外饰花卉纹。瓶身方唇，直口，束颈，肩腹部呈上下多级，于第二级上置五管，圈足。肩腹部由上而下依次饰花卉纹。灰胎。青釉。全器满施釉，盖内壁、瓶身口沿及外底部露胎无釉。

标本 0264：失盖。肩腹部呈上下五级，逐级增大，于第二级上置五管，圈足外撇。肩腹部由上而下依次饰覆莲瓣纹、草叶纹、交错直线纹、交错直线纹、仰莲瓣纹，填以篦纹。胎质较粗。青黄釉。口径 7.1、足径 9、高 23.4 厘米。（图六：1）

标本 0265：失盖。肩腹部呈上下五级，于第二级上置五个多棱形管，管口呈花卉状。肩腹部由上而下依次饰折扇纹、波浪纹、凸弦纹双圈、草叶纹、凸弦纹单圈、交错直线纹、凸弦纹单圈、仰莲瓣纹双层，填以篦纹。胎质较粗。青釉微泛黄。口径 8.3、足径 9、高 23.6 厘米。（图六：2）

标本 0268：盖顶部中心置一水滴状纽，外饰覆莲瓣纹，填以篦纹。瓶身肩腹部呈上下六级，于第二级上置五管。肩腹部由上而下依次饰覆莲瓣纹、凹弦纹单圈、交错直线纹、凹弦纹单圈、交错直线纹、凹弦纹单圈、交错直线纹、凹弦纹单圈、交错直线纹、凹弦纹单圈、仰莲瓣纹双层，填以篦纹。胎质较粗。口径8.8、足径9、通高26.5厘米。（图六：3）

标本0269：有修复。盖顶部中心置一纽，外饰草叶纹饰。瓶身肩腹部呈上下三级，于第二级上置五管。颈部饰波浪纹；肩腹部由上而下依次饰波浪纹、波浪纹、草叶纹，填以篦纹。胎质较粗。青釉泛黄。口径8、足径8.2、通高25.8厘米。（图六：4）

四管瓶

标本0339：失盖。瓶身方唇，直口，束颈，肩部呈上下两级，逐级增大，于第二级上置两两对称四管，残，管口沿处呈花瓣状，圆鼓腹，圈足。腹部以凹弦纹为界分为上中下三个区域，内依次饰覆莲瓣纹、覆莲瓣纹、仰莲瓣纹，填以篦纹。下腹近圈足处饰仰莲瓣纹一圈。灰胎，胎质较粗。青釉。全器满施釉，口沿及外底部露胎无釉。口径6、足径8.8、高26.5厘米。（图七：1）

盘口瓶

8件。根据颈部特征，大致可以分为两小类。

第一小类 5件。由瓶盖和瓶身两部分组成，大部分失盖。子母口。瓶盖方唇，直口，卷沿，盖面鼓起，顶部中心置一纽，外饰花卉纹饰。瓶身方唇，盘口，长束颈，丰肩，圆鼓腹，圈足。肩腹相交处饰弦纹一圈或多圈，下饰折扇纹、蕉叶纹、团状花卉纹、莲瓣纹等。灰胎。青釉。全器满施釉，盖内壁、瓶身口沿及外底部露胎无釉。

标本0127：失盖。束口，口部有修复，肩部对称置双系。肩腹相交处置凹弦纹一圈，下满饰折扇纹。胎质较粗。青釉泛黄。口径9.5、足径8.2、高22.3厘米。（图七：2）

标本0271：盖顶部中心置一瓜蒂形纽，外饰刻划花卉纹。瓶身腹部呈瓜棱形。肩腹相交处饰凸弦纹一圈，腹部以直棱分为六个等大的区域，内各饰一片蕉叶纹，填以篦纹。胎质较粗。青釉泛黄，布满细小开片。口径7.5、足径8.2、通高26.3厘米。（图八：1）

标本0286：失盖。肩部饰凸弦纹双圈，腹部由上而下依次饰团状花卉纹饰、仰莲瓣纹，填以篦纹。生烧，灰红色胎，胎质较粗。青釉泛黄，有剥釉现象，开片。口径8.4、足径7.7、高21.5厘米。（图八：2）

标本0301：失盖。直口微敛，口部有修复，圈足微外撇。肩腹相交处饰凹弦纹一圈；上腹部满饰团状花卉纹饰，填以篦纹；下腹部饰仰莲瓣纹双层，上层填以篦纹；下腹近圈足处饰凹弦纹一圈。胎质较细。青黄釉，有开片。口径8、足径8、高22厘米。（图八：3）

标本 0382：盖口部有修复，荷叶形宽沿，盖面中心置一花蕾状纽，残，外饰双线覆莲瓣纹。肩腹相交处饰凸弦纹一圈，腹部以直棱分为六个等大的区域，内各饰一朵花卉纹，填以箆纹。胎质较细。有开片。口径 10、足径 8.5、通高 31.5 厘米。（图九：1）

第二小类　3 件。失盖。瓶身方唇，盘口，直口，短束颈，溜肩，圆鼓腹，圈足。腹部分层饰花卉纹。灰胎。青釉。全器满施釉，外底部露胎无釉。

标本 0289：直口微敛。肩腹相交处饰凸弦纹一圈；上腹部饰团状花卉纹饰，填以箆纹；下腹近圈足处饰仰莲瓣纹一圈，填以箆纹。生烧，灰红色胎，胎质较粗。青黄釉，有剥釉现象。口径 8.4、足径 8.3、高 18.7 厘米。（图九：2）

标本 0272：腹部由上而下依次饰凹弦纹一圈、莲瓣纹、凹弦纹双圈、团状花卉纹饰、凹弦纹双圈、填以箆纹。胎质较细。口径 8、足径 6.5、高 19.9 厘米。（图九：3）

标本 0270：直口微敛。肩部饰覆莲瓣纹一圈，填以箆纹；上腹部饰团状花卉纹两层，填以箆纹；下腹近圈足处饰仰莲瓣纹一圈，填以箆纹。胎质较细。口径 8.2、足径 8.2、高 22.5 厘米。（图九：4）

碗

2 件。均为敞口碗。圆唇，敞口，斜曲腹，圈足。外腹口沿下饰弦纹一圈，下饰折扇纹；内腹口沿下饰弦纹一圈，下饰花卉纹，填以箆纹；内心饰弦纹一圈，内素面或饰花卉纹。灰胎。青釉。全器满施釉，外底部露胎无釉。

标本 0372：有裂纹。内腹饰团状花卉纹饰，内心素面。胎质较粗。青釉泛黄。口径 15.7、足径 4.7、高 6.3 厘米。（图一〇：1）

标本 0374：有修复。内腹饰花卉纹，内心饰花卉纹。胎质较细。口径 22、足径 6、高 9.8 厘米。（图一〇：2）

三　小结

以上我们将庆元县廊桥博物馆馆藏的 27 件北宋时期龙泉窑产品进行了详细介绍，可以看到该馆馆藏北宋龙泉窑器类比较丰富但数量较少。具体言之，北宋中晚期淡青釉产品有盖罐、单耳瓶、六管瓶、五管瓶、盘口瓶、小杯、小盖罐、敞口碗、花口盘、敞口盘、双耳瓶，共计 12 件；北宋末期翠青釉产品有盘口瓶、四管瓶、五管瓶和碗，共计 15 件。馆藏的龙泉窑瓷器除了日常生活用器外，还有像五管瓶、盘口瓶等专门用于随葬的明器，但数量较少。我们推测，这应该与当地葬俗以及庆元县处于龙泉窑边缘产区等因素有关。

（谢西营、郑建明协助整理）

图一 标本 0263（六管瓶）

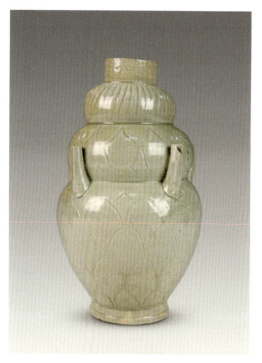

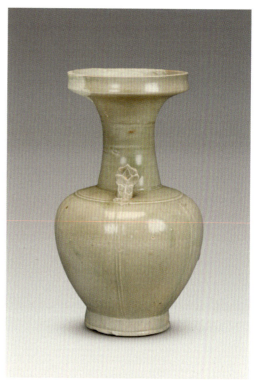

1. 标本 0048（五管瓶）

2. 标本 0319（单耳瓶）

3. 标本 0228（盘口瓶）

图二　淡青釉产品

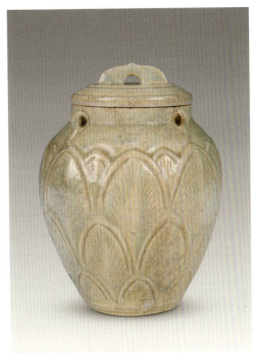

2. 标本 0273（盖罐）

1. 标本 0589（小盖罐）

3. 标本 0345（小杯）

图三　淡青釉产品

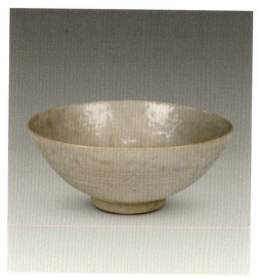

2. 标本 0312（敞口碗）

1. 标本 0344（敞口碗）

3. 标本 0588（双耳瓶）

图四　淡青釉产品

1. 标本 0315（花口盘）　　　　　2. 标本 0316（敞口盘）

图五　淡青釉产品

1. 标本 0264（五管瓶）

2. 标本 0265（五管瓶）

3. 标本 0268（五管瓶）

4. 标本 0269（五管瓶）

图六 翠青釉产品

1. 标本 0339（四管瓶）

2. 标本 0127（盘口瓶）

图七　翠青釉产品

1. 标本 0271（盘口瓶）

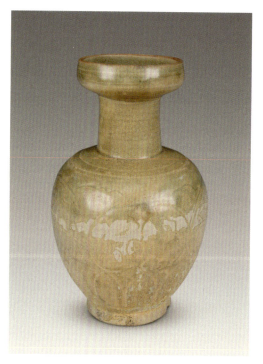

2. 标本 0286（盘口瓶）

3. 标本 0301（盘口瓶）

图八　翠青釉产品

1. 标本 0382（盘口瓶）

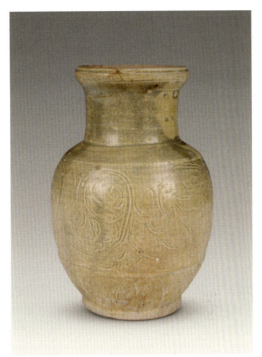

2. 标本 0289（盘口瓶）

3. 标本 0272（盘口瓶）

4. 标本 0270（盘口瓶）

图九　翠青釉产品

1. 标本 0372（碗）　　　　　　2. 标本 0374（碗）

图一〇　翠青釉产品